A. DUMAS

DE BALZAC

Muséum Littéraire.

LA COLOMBE

PAR

ALEXANDRE DUMAS

Bruxelles,

ALPHONSE LEBÈGUE, IMPRIMEUR ÉDITEUR

Rue Notre-Dame-aux-Neiges, 60 (Jardin d'Italie.)

Et chez tous les libraires Correspondants du Muséum
en Belgique et à l'étranger.

LA COLOMBE.

LA COLOMBE

PAR

Alexandre Dumas.

1

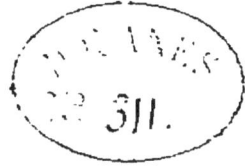

BRUXELLES,

ALPHONSE LEBÈGUE, IMPRIMEUR-ÉDITEUR,

Rue Jardin d'Idalie, 1.

Près de la rue Notre-Dame-aux-Neiges, 60.

1850

LA COLOMBE.

PREMIÈRE LETTRE.

5 mai, 1657.

Belle colombe au plumage d'argent, au collier noir et aux pieds roses, puisque ta prison te semble si cruelle que tu menaces de te tuer aux barreaux de ta prison, je te rends la liberté. Mais, comme tu ne veux me quitter sans doute que pour aller rejoindre une personne que tu aimes mieux que moi, c'est à moi de te justifier de tes huit jours d'absence. J'atteste donc que j'ai voulu te faire payer d'une captivité éternelle le service que je t'avais rendu, tant le cœur humain est égoïste, qu'il ne sache rien faire sans exiger le payement de ce qu'il a fait, souvent au double de sa valeur. Va donc, gentille messagère, va donc rendre ta présence et porter mes regrets à celui ou à celle qui t'appelle malgré la distance et que tu cherches des yeux malgré l'espace. Ce billet, que j'attache à ton aile, est la sauvegarde de ta fidélité. Adieu donc encore une fois; la fenêtre s'ouvre, le ciel t'attend... Adieu!

DEUXIÈME LETTRE.

6 mai, 1657.

Merci, qui que vous soyez, qui m'avez rendu ma seule compagnie; mais, vous le voyez, votre sainte action a sa récompense, comme si le charmant messager qui m'a apporté votre billet eût compris que j'avais des grâces à vous rendre, et que ma seule crainte, ne sachant pas où vous habitez, était d'être accusée par vous de froideur. Cette même inquiétude qui l'avait prise chez vous, l'a prise chez moi. Hier, son retour a été tout à la joie de me retrouver; mais ce matin, voyez la changeante qu'elle est, ce matin je ne lui suffis plus; elle heurte de son bec et de ses ailes non pas les barreaux de sa cage, car jamais elle n'a eu de cage, mais les carreaux de ma fenêtre; elle ne veut plus être à moi seule; elle veut être à nous deux. Soit; contre l'avis de beaucoup, je pense, moi, que l'on double ce que l'on possède en le partageant. Nous aurons donc désormais deux Iris; et remarquez que je l'avais appelée *Iris* dans la prévision sans doute qu'elle serait un jour notre messagère, votre Iris qui vous portera mes lettres, mon Iris qui m'apportera les vôtres; car, je l'espère, vous voudrez bien dire quel est le service que vous lui avez rendu, et comment elle était tombée entre vos mains. Il vous étonne peut-être que je me livre ainsi tout d'abord et du premier coup à vous inconnu ou inconnue. Mais vous êtes bon ou bonne, puisque vous m'avez renvoyé ma colombe; ensuite, vous me l'avez renvoyée avec un billet qui dénonce celui ou celle qui l'a écrit comme personne de distinction et d'esprit; or, toutes les âmes élevées sont sœurs, tous les esprits supérieurs sont frères; traitez-moi donc en frère ou en sœur, comme vous voudrez, car j'ai besoin de donner à quelqu'un ce titre de frère ou de sœur que je n'ai donné à personne.

Iris, ma belle amie, vous allez retourner d'où vous venez, et vous direz à celui ou à celle qui vous a renvoyée à moi que je vous renvoie à lui ou à elle, et ajoutez que j'aimerais mieux que ce fût à *elle* qu'à *lui*.

Partez, Iris, et songez que je vous attends.

TROISIÈME LETTRE.

Même jour l'angélus sonné.

Ma sœur,

Vous n'accusez ni Iris, ni moi, n'est-ce pas? Je n'étais point dans ma chambre lorsque votre messagère est arrivée; seulement la fenêtre était ouverte pour cueillir les premiers souffles de la brise du soir. Iris est entrée, et, comme si la charmante petite créature avait compris qu'elle avait une lettre à rendre et une réponse à emporter, elle a patiemment attendu mon retour, et, lorsque je suis rentré, de la planche sur laquelle elle était posée, elle avait volé sur mon épaule...

Hélas! dans la chute que j'ai faite à travers les divers degrés de la grandeur humaine, j'ai, aux deux côtés du chemin, trouvé bien des émotions tristes ou joyeuses. Eh bien! nulle n'a été plus triste que celle dont je me sentis saisi, lorsqu'en vous renvoyant votre colombe, dont je ne savais pas même le nom, nom prédestiné, vous l'avez dit vous-même, j'ai cru me séparer d'elle à jamais. Nulle n'a été plus joyeuse que celle que j'ai éprouvée, lorsque, croyant m'être séparé d'elle à jamais, je l'ai aperçue dans ma chambre et que j'ai senti la fraîcheur de son aile caresser ma joue en venant se poser sur mon épaule. O mon Dieu! pour l'homme, cet éternel esclave de tout ce qui l'entoure, vous faites donc des joies et des douleurs relatives! et tel qui n'a pas pleuré en perdant presque un royaume, tel qui n'a pas frissonné au vent de la hache qui abattait les têtes autour de lui, celui-là pleurera un jour en voyant fuir un oiseau dans l'espace; celui-là frissonnera en sentant l'agitation que fait dans l'air la plume agitée d'une colombe. C'est là un de vos mystères, ô mon Dieu! et vous savez si vos mystères divins ont un plus humble et plus fervent adorateur que celui qui se prosterne en ce moment au pied de la croix de votre divin fils pour vous glorifier et pour vous bénir!

Voilà donc tout ce que je me suis dit en revoyant la pauvre colombe que je croyais perdue; avant même que j'eusse lu le billet dont elle était porteur. Puis, lorsque j'eus lu ce billet, je suis tombé dans une rêverie profonde.

— A quoi bon? me demandais-je, pauvre naufragé que je suis, quand j'avais déjà pactisé avec la tempête et fraternisé avec la mort; à quoi bon m'accrocher, perdu dans l'immensité de l'Océan, à cette poutre flottante, dernier débris peut-être d'un navire brisé comme le mien et que le hasard bien plutôt que la Providence pousse à la portée de la main? N'est-ce pas, si je me laisse prendre à l'espérance, n'est-ce pas me laisser prendre en même temps à la tentation? Avais-je donc, sans le savoir, quelque pan de mon habit pris dans cette porte qui ouvre sur le monde, et ne m'étais-je pas, comme je le croyais, arraché tout entier aux vanités et aux illusions de la terre?

C'était, vous le voyez, ma sœur, une ample matière à rêver et à réfléchir : Dieu sur ma tête, l'abîme sous mes pieds, tout autour de moi le monde que je ne voyais plus parce que je fermais les yeux, que je n'entendais plus parce que je fermais les oreilles, mais que je vais entendre bruire comme par le passé, mais que je vais voir tourbillonner de nouveau. Si imprudent que je sois, je r'ouvre les oreilles et les yeux.

Mais peut-être vois-je avec mon imagination au delà de la réalité; peut-être ai-je élevé un fait sans force et sans portée à la hauteur d'un événement.

Vous demandez un simple récit, ma sœur; je vais vous le faire. Il y a huit jours, j'étais assis dans le jardin, je lisais; voulez-vous savoir quel livre je lisais, ma sœur? Je lisais ce trésor d'amour, de religion et de poésie qu'on appelle les *Confessions de saint Augustin*. Je lisais, et ma pensée tout entière était absorbée dans celle du bienheureux évêque qui eut une sainte pour mère et qui fut saint à son tour.

Tout à coup j'entends au-dessus de ma tête comme un battement d'aile; je lève les yeux et à mes pieds, me demandant secours, se précipite une colombe, serrée de si près par un épervier, qu'elle avait laissé quelques-unes de ses plumes déjà aux serres et au bec de l'oiseau de proie. Dieu, pour la majesté duquel un passereau qui tombe est l'égal d'un empire qui croule, Dieu lui avait-il dit, à ce pauvre oiseau, qu'en moi était la protection, comme dans l'épervier était la menace.

Quoi qu'il en fût, je la pris toute tremblante et même un peu ensanglantée; je la mis dans ma poitrine où elle se blottit les yeux fermés, le cœur bondissant; puis, à la vue de l'épervier qui s'était reposé à la cime d'un peuplier, je l'emportai dans ma cellule.

Pendant cinq ou six jours l'épervier ne quitta son observatoire que pour quelques instants, et je le voyais jour et nuit immobile sur la branche sèche où il guettait sa proie.

De son côté la colombe sentait sa présence, sans doute, car, pendant ces cinq ou six jours, triste mais comme résignée, elle n'alla même point à la fenêtre.

Enfin, avant-hier, l'épervier disparut, et l'instinct de la prisonnière lui dit que son ennemi s'était lassé, car presque aussitôt elle s'élança vers la vitre transparente, si rudement qu'elle faillit la briser.

Dès lors, je ne fus plus pour elle un protecteur, mais un geôlier; ma chambre cessa d'être un asile, et devint une prison. Pendant tout un jour, j'essayai de la réconcilier avec moi; pendant tout un jour, je la retins, et elle se débattit. Enfin, hier, j'eus pitié d'elle : j'écrivis la lettre que vous avez reçue, et, les larmes aux yeux, j'ouvris la fenêtre par laquelle je croyais la voir disparaître pour toujours.

Depuis, j'ai pensé bien souvent à cet épervier qui se tenait immobile et guettant sur la plus haute branche de ce pin, et dans lui je vis le symbole de cet ennemi du genre humain qu'on entend rugir, mais qu'on ne voit pas, et qui tourne sans cesse autour de nous, *quœrens quem devoret*, cherchant quelqu'un pour le dévorer.

Et maintenant, si je 'n'éprouvais un plaisir qui m'effraye à revoir cette colombe et à recevoir vos lettres, je vous dirais : Racontez-moi, ma sœur, comment Iris vous a quittée, maintenant que je vous ai dit comment Iris est venue à moi.

Demain, le rayon du jour trouvera ma fenêtre ouverte, et sur ce premier rayon votre messagère partira, vous portant cette réponse.

En attendant, que tous les enfants ailés qu'on appelle les songes se penchent respectueux sur votre couche et rafraîchissent votre front du battement de leurs ailes.

QUATRIÈME LETTRE.

10 mai, après matines.

J'ai été trois jours à vous répondre, comme vous le voyez par la date de ma lettre; c'est que la vôtre ne me laissait aucun doute. J'espérais vous appeler ma sœur, et il faut que je renonce à vous écrire ou que je vous appelle mon frère.

Vous craignez, dites-vous, d'avoir un pan de votre habit pris dans la porte qui ouvre sur le monde. Vous êtes donc passé du monde dans la solitude?

Vous avez chu à travers les divers degrés de la grandeur humaine, dites-vous encore. Vous étiez placé au premier rang de la société, pour que votre chute traversât tant d'espaces intermédiaires.

Vous avez perdu presque un royaume, et vous n'avez pas frissonné au vent de la hache qui abaissait les têtes autour de vous, dites-vous aussi. Vous avez donc vécu de la vie des grands, vous avez donc pris part aux luttes des princes?

Comment voulez-vous que je concilie tout avec votre âge, car vous êtes jeune; avec votre humilité, car vous parlez à genoux?

Et cependant, quel intérêt auriez-vous à me tromper? vous ne me connaissez pas; vous ne savez pas si je suis noble ou vassale, jeune ou vieille, laide ou jolie?

Au reste, il ne vous importe pas plus à vous de savoir qui je suis qu'à moi de savoir qui vous êtes. Nous sommes deux créatures étrangères l'une à l'autre, séparées l'une de l'autre, inconnues l'une à l'autre, et qu'aucune puissance né saurait matériellement réunir.

Mais au dehors de la réunion matérielle, il y a la communion de la pensée; en dehors du toucher et de la vue des corps , il y a la fraternité des âmes, agape mystérieuse où l'on boit dans la même coupe la parole du Seigneur et les rayons de flamme de l'Esprit-Saint.

Voilà tout ce que je désire de vous, voilà tout ce que vous pouvez vouloir de moi.

Ceci arrêté, s'il y a quelque sympathie entre nos esprits, quelque affinité entre nos âmes, quel mal peut-il y avoir aux yeux du Seigneur à ce que nos esprits et nos âmes communiquent à travers l'espace, comme feraient les rayons de deux étoiles amies qui se croiseraient dans les solitudes éthérées du firmament?

Maintenant, voici comment la pauvre Iris avait quitté ma chambre:

La veille du jour où vous lui avez sauvé la vie, je priais, agenouillée; ma lampe était posée près des rideaux de mon lit. Vers minuit, tout en priant, je m'endormis. Dix minutes après peut-être, ma porte, mal fermée, s'ouvrit, poussée par le vent; mes rideaux soulevés flottèrent, atteignirent la lampe et prirent feu. En un instant, ma chambre, qui est petite, fut pleine de flamme et de chaleur. Je m'éveillai suffoquée à demi. Ma pauvre colombe voletait au plafond se débattant au milieu de la fumée. Je courus à la fenêtre et l'ouvris. A peine la fenêtre fut-elle ouverte qu'elle s'élança et que je l'entendis se heurter dans l'obscurité aux branches des arbres bien connus, aux branches desquels elle se joue une partie de la journée. Espérant qu'elle rentrerait au point du jour, je laissai ma fenêtre ouverte; mais le jour vint et s'écoula sans que je la revisse. Épouvantée par l'incendie, elle avait fui sans doute tant qu'elle avait eu d'ailes. Le lendemain, à son retour, elle aura été poursuivie par l'épervier, contre lequel elle a été vous demander secours. Vous l'avez recueillie, gardée, et je la croyais perdue, quand tout à coup j'ai entendu battre de l'aile à mon carreau. J'ai ouvert ma fenêtre : c'était la fugitive qui apportait son excuse avec elle, mais qui, ne l'eût-elle pas apportée, était pardonnée d'avance.

Voilà l'histoire de la pauvre Iris. Est-ce tout ce que vous voulez savoir? et n'avez-vous plus autre chose à me demander? Dans ce cas-là, notre messagère reviendra sans lettre et sans billet. Je saurai ce que cela veut dire, et d'ici je vous écrirai.

Adieu, mon frère, le Seigneur soit avec vous!

CINQUIÈME LETTRE.

Le 11 mai au point du jour.

Iris est revenue sans lettre ni billet. La pauvre petite avait l'air tout attristée de reparaître ainsi déchue de son rang de messagère; elle levait d'elle-même son aile comme pour m'interroger sur ce que cela voulait dire.

Cela veut dire, chère Iris, que tu es à moi toute seule, que le jour qui s'était fait sur notre ciel sombre s'est éteint, que le frère était un étranger, que l'ami était un indifférent.

Et ceci, chère petite, je l'écris pour moi seul. Cette plainte de mon âme qui se lamente dans son isolement n'arrivera pas jusqu'à lui; je te dis à toi que je souffre, je te dis à toi que je pleure, je te dis à toi que je suis malheureuse.

Hélas! hélas! mon Dieu, votre justice ne s'égare-t-elle pas quelquefois, et les coups que vous réservez aux coupables, détournés par quelque ange invisible et mauvais, ne vont-ils pas frapper les innocents? Les douleurs de cette vie préparent la félicité de l'autre, nous dit-on; mais pourquoi des douleurs à celle qui n'a rien fait, qui a peut-être une faute, mais qui n'a certes pas un crime à expier? pourquoi le pardon de Jésus à la Madeleine? pourquoi l'indulgence du Christ pour la femme adultère? pourquoi cette rigueur pour moi, pour moi seule, mon Dieu!

J'ai aimé, c'est vrai; mais j'ai répondu en aimant à un autre amour; j'étais née pour la vie du monde et non pour la vie du cloître. J'ai suivi en aimant la loi imposée par vous aux animaux, aux hommes, aux plantes. Tout aime dans ce monde; tout cherche à se joindre et à se fondre dans une même vie : les ruisseaux aux rivières, les rivières aux fleuves, les fleuves à l'Océan. Ces étoiles qui, la nuit, traversent le ciel partant d'un horizon, rayant le firmament d'une ligne d'or et allant s'éteindre à l'horizon opposé, vont s'éteindre dans le sein d'une autre étoile; nos âmes elles-mêmes, ces émanations de notre souffle divin, ne cherchent une autre âme sur la terre que pour se faire une compagnie d'amour, et lorsqu'elles quittent notre corps pour aller d'un même vol se fondre en vous qui êtes l'âme universelle et l'amour sans fin.

Eh bien! mon Dieu, un instant je m'étais réjouie à cet espoir d'avoir, à l'extrémité de mon horizon, retrouvé une âme inconnue, mais sœur, sœur pour la souffrance; car aux premières plaintes, j'avais vu que c'était la bouche du cœur qui se plaignait. Pourquoi, pauvre âme endolorie, ne veux-tu pas prendre ta part de ma peine, comme je prendrais ma part de ta douleur? C'est la loi que les fardeaux partagés soient moins lourds et que le poids qui écrase deux forces isolées paraisse léger parfois à deux réunies.

Voici l'office qui sonne; vous m'appelez, mon Dieu! et je vais à vous; je vais à vous dans la confiance de ma pureté, le cœur ouvert pour que vous puissiez y lire, et si, par quelque action ou par quelque omission, je vous avais offensé, ô mon Dieu! faites-le-moi connaître par un signe, par une intention, par une révélation quelconque, et je resterai prosternée à votre autel le front dans la poussière, les mains tendues jusqu'à ce que vous m'ayez pardonné.

Toi, chère colombe, sois la gardienne fidèle de ces pensées de mon faible cœur, de ces élans de ma pauvre âme! couvre de tes ailes ce papier que je plie pour le soustraire à tous les regards, et qui m'attendra comme la coupe à moitié pleine attend le reste du breuvage amer qui lui est promis!

SIXIÈME LETTRE.

11 mai à midi.

En effet, vous avez deviné juste, pauvre âme en peine; j'avais résolu de ne plus vous écrire : car à quoi bon, couché qu'on est dans la tombe, de s'obstiner à sortir encore les mains du sépulcre, si ce n'est pour les élever vers Dieu? Mais une espèce de miracle vient altérer ma résolution. Cette lettre, que vous aviez écrite pour vous seule, cette lettre dans laquelle vous répandez votre âme au pied du Seigneur, cette lettre, confidente de votre pensée, coupe à moitié pleine d'amertume, et qui devait à votre retour déborder sous vos larmes, cette lettre, la colombe, infidèle cette fois, me l'a apportée, non plus pliée par vous sous son aile, mais d'elle-même, mais à son bec, comme la colombe de l'Arche portait le rameau vert qui indiquait que les eaux commençaient à s'écouler sur la face du globe, comme tarissent enfin les larmes sur le visage d'un pécheur pardonné.

Eh bien! soit! j'accepte cette tâche que vous me donnez, de porter une part de votre douleur; car, aussi bien, je ne m'appartiens plus à moi-même, et des forces que Dieu m'a laissées, je dois faire un levier pour soulever les infortunes d'autrui. Mon âme, à partir de ce moment, est vide de mes propres infortunes; versez-y les vôtres, ruisseau qui cherchez une rivière où vous confondre, météore qui cherchez une étoile où vous éteindre.

Vous demandez pourquoi vous souffrez, n'ayant rien fait. Prenez garde! vous interrogez Dieu, et de l'interrogatoire au blasphème, la distance est faible, la chute rapide.

Notre orgueil est notre plus grand ennemi ici-bas. On dit qu'il y a en ce moment un philosophe qui vient de diviser la nature entière en tourbillons. Au compte de ce philosophe, chaque étoile fixe serait un soleil, centre d'un monde comme le nôtre, et tous ces mondes, soumis aux lois de la pondération, tourneraient et graviteraient dans l'espace, chacun autour de son centre, sans se heurter ni se confondre.

Voilà un système, n'est-ce pas, qui grandirait bien Dieu, mais rapetisserait bien l'homme!

Ainsi notre pauvre monde à nous peut se subdiviser en des millions de mondes. Notre orgueil nous fait croire à chacun que nous sommes un soleil, centre d'un tourbillon, tandis que nous sommes tout au plus un des atomes, un des grains de poussière que le souffle du Seigneur fait graviter et tourner par millions autour de ces étoiles plus ou moins brillantes qu'on appelle les rois, les empereurs, les princes, les héros, les puissants de ce monde enfin, auxquels Dieu a remis, comme signes de leur puissance, le sceptre ou la crosse, la tiare ou l'épée.

Eh bien! qui vous dit que les choses immatérielles ne se pondèrent pas comme les choses matérielles? Qui vous dit que les malheurs d'un monde ne concourent pas au bonheur de l'autre? Qui vous dit qu'une des lois de la nature morale n'est point qu'une moitié du cœur soit dans les larmes, afin que l'autre côté soit dans la joie, comme il faut qu'une part de la terre soit dans l'obscurité pour que l'autre soit dans la lumière?

Dites-moi donc vos malheurs, pauvre âme affligée, car

quels que soient vos malheurs, ils n'atteindront point, j'en suis sûr, à la hauteur des miens; dites et j'aurai, je l'espère, une consolation pour chacune de vos plaintes, un baume pour chacune de vos blessures.

Mais de votre côté, je vous en supplie, buvez au ruisseau de mes paroles, sans chercher la fontaine d'où elles sortent; faites comme font les noirs Éthiopiens et les pâles enfants de l'Égypte, qui se désaltèrent aux rives du Nil, et qui croiraient commettre une impiété en remontant le fleuve jusqu'à sa source.

D'après quelques mots qui me sont échappés, vous avez pensé lire dans ma vie passée; vous avez fait de moi un grand de ce monde; vous avez cru qu'un sillon de lumière avait accompagné ma chute, et que j'étais tombé du ciel sur la terre comme un ange foudroyé. Détrompez-vous tout d'abord : je suis un humble religieux portant un humble nom; de mon passé sombre ou brillant, humble ou orgueilleux, j'ai perdu toute mémoire, et moins clair-voyant dans la vie que le philosophe antique qui se rappelait avoir combattu au siége de Troie ne l'était dans la mort, aujourd'hui je ne me souviens pas d'hier, et demain je ne me souviendrai pas d'aujourd'hui.

C'est ainsi que je veux marcher pas à pas dans l'éternité, effaçant chaque vestige que je laisse après moi, afin d'arriver au jour de ma mort devant le Seigneur tel que je suis sorti du sein de ma mère : *solus, pauper et nudus:* seul, pauvre et nu.

Adieu, ma sœur, ne me demandez pas plus que je ne puis vous donner, afin que je puisse vous donner toujours.

12 mai.

Oui, vous avez tout compris; oui, pendant que j'étais prosternée au pied de Dieu, lui demandant compte de sa rigueur, au lieu de lui demander pardon de mes doutes; oui, par une espèce de miracle, Dieu me rendait cette consolation que je croyais m'être ôtée, et notre messagère, infidèle à force de dévouement, vous portait d'elle-même ce trop plein de ma pensée ou plutôt de mon cœur qui avait débordé sur le papier.

Vous voulez rester inconnu; soit! que m'importe que le soleil se cache dans les nuages, que le feu se voile dans sa fumée, si à travers fumée ou nuage, le rayon de l'un m'éclaire, ou la flamme de l'autre me réchauffe? Dieu aussi est invisible et inconnu : sent-on moins pour cela la main de Dieu étendue sur le monde?

Je ne vous dirai pas que je suis une humble femme; je vous dirai : J'ai été noble, j'ai été riche, j'ai été heureuse; je ne suis plus rien de tout cela; j'ai aimé de toute mon âme un homme qui de toute son âme m'aimait aussi; cet homme est mort; la main glacée de la douleur m'a dépouillée de mes vêtements mondains, et m'a revêtue de la robe sainte, habit intermédiaire, parure funèbre de ceux qui ne vivent plus et qui cependant ne sont pas encore trépassés.

Maintenant, voilà où est la plaie.

Je me suis faite religieuse pour oublier celui qui est mort et ne me souvenir que de Dieu; et parfois, j'oublie Dieu pour ne me souvenir que de celui qui est mort.

Voilà pourquoi je me plains: voilà pourquoi je me lamente; voilà pourquoi je crie au Seigneur : Seigneur, ayez pitié de moi!

Oh! dites-moi comment vous avez agi, vous, pour faire votre âme vide de cette douleur qui la remplissait. L'avez-vous penchée comme on penche une coupe? Je fais ainsi dans mes prières, et après chaque prière, je retrouve mon âme plus pleine d'amour terrestre qu'auparavant, comme si, au lieu d'épancher la liqueur amère qu'elle contient, elle ne savait en s'inclinant que puiser au lac ardent une liqueur nouvelle.

Votre réponse sera simple et je l'entends d'avance : « Je n'ai jamais aimé. »

Alors, si vous n'avez jamais aimé, de quel droit vous vantez-vous d'avoir souffert?

Il fallait commencer par là et me dire : « Je n'ai jamais aimé. »

Alors, je ne vous eusse demandé ni secours ni consolation; alors j'eusse non-seulement admis votre éloignement et votre silence, mais j'eusse passé près de vous comme on passe près d'un marbre à qui le statuaire a donné une forme humaine, mais dans la poitrine duquel un cœur n'a jamais battu.

Si vous n'avez jamais aimé, c'est moi qui viens vous dire cette fois : ne me répondez pas, nous ne sommes pas du même monde, nous n'avons pas vécu de la même vie. Je me suis trompée à des apparences, à quoi bon échanger désormais des paroles inutiles. Vous ne comprendriez pas ce que je dis; je ne comprendrais pas ce que vous diriez. Nous ne parlons pas la même langue.

Oh! mais si vous aviez aimé, au contraire, dites-moi où, dites-moi qui, dites-moi comment, ou, si vous ne voulez rien me dire de tout cela, parlez-moi des choses les plus indifférentes, peu importe, tout me sera intéressant, rien ne me sera inutile; dites-moi comment est votre chambre, si elle s'ouvre sur l'est ou sur le couchant, sur le midi ou sur le nord; si vous saluez le soleil quand il paraît, si vous lui dites adieu quand il fuit, ou si, les yeux éblouis par les rayons ardents de son midi, vous cherchez à distinguer la face de Dieu du milieu de son inextinguible rayonnement. Dites-moi tout cela, puis dites-moi encore ce que vous voyez de votre fenêtre, plaines ou montagnes, cimes ou vallées, ruisseaux ou rivières, lac ou océan; dites-moi tout cela, j'occuperai mon esprit à tous ces mystérieux problèmes de l'inconnu rendu visible par la volonté, et peut-être mon cœur, distrait par ma pensée, parviendra-t-il à oublier, ne fût-ce qu'un instant.

Non, non, non, ne me dites rien de tout cela; je ne veux pas oublier.

HUITIÈME LETTRE.

15 mai.

Celui que vous avez aimé est mort, voilà pourquoi vous avez encore des larmes; celle que j'ai aimée m'a trahi, voilà pourquoi je n'en ai plus!

Parlez-moi de lui tant que vous voudrez, n'exigez pas que je vous parle d'elle.

Depuis quatre ans, j'habite un monastère, et cependant je ne suis point prêtre encore!

Pourquoi cela? me demanderez-vous. Je vais vous le dire.

Quand son amour, qui était le dernier lien qui m'attachait à la vie, m'a manqué, je suis tombé dans un tel désespoir, que ce n'était point un mérite à moi de me donner à Dieu à la suite d'une pareille douleur. Alors j'ai attendu que ce désespoir se calmât afin que le Seigneur ne me reçût pas comme le gouffre reçoit l'aveugle ou l'insensé qui se précipite, mais comme un hôte hospitalier reçoit le pèlerin fatigué qui vient lui demander le repos de la nuit au bout d'une rude marche, à la fin d'une longue journée.

Je voulais lui donner un cœur fervent et non un cœur brisé, un corps et non un cadavre.

Et voilà plus de quatre ans que je m'isole par la solitude, que je m'épure par la prière, et je n'ai pas, jusqu'à présent, osé dépouiller l'habit du novice pour la robe du moine, tant il reste encore du vieil homme en moi, tant je trouve que ce serait un sacrilége, après m'être donné si complétement à la créature, de me donner si incomplétement au Créateur.

Maintenant vous savez de ma vie passée et intime tout ce que vous pouvez savoir; de ma vie présente et extérieure, voilà ce que je puis vous dire :

J'habite, non pas dans un couvent, mais dans un hermitage bâti à mi-côte d'une colline, une chambre aux murs blanchis, sans autre ornement que le portrait d'un roi pour lequel j'ai une vénération toute particulière, et un christ d'ivoire, chef-d'œuvre du seizième siècle, et qui m'a été donné par ma mère. Ma fenêtre, toute garnie d'un immense jasmin dont les branches, chargées de fleurs, entrent dans ma chambre qu'elles parfument, s'ouvre sur le soleil levant et probablement sur le point de l'horizon que vous habitez, car je vois de loin et d'un vol direct encore notre colombe, que je vois repartir dans la même direction et que je suis dans les airs jusqu'à la distance d'un

quart de lieue à peu près; après quoi le point qui la repré-
sente et qui a été sans cesse diminuant le fond dans le firmament azuré ou dans le nuage grisâtre, selon que le ciel
est pur ou nébuleux. L'aube a, pour moi, des charmes
tout particuliers et qui tiennent à la disposition du terrain formant le paysage que mon regard peut embrasser
et que je vais essayer de vous décrire.

Mon horizon est fermé au midi par la grande chaîne
des Pyrénées, aux flancs violets, aux sommets neigeux; à
l'est par un contrefort de collines qui va, en s'élevant tou-
tours, se rattacher, chaînon secondaire, à cette chaîne
principale; enfin au nord, il s'étend aussi loin que la vue
peut pénétrer dans un pays de plaines, tout parsemé de
bouquets d'olivier, tout sillonné de petits ruisseaux au
milieu desquels, comme une souveraine recevant le tribut
de ses sujets, se déroule majestueusement une des plus
grandes rivières qui arrosent la France.

Le plateau que je domine est incliné du midi au nord
des montagnes à la plaine.

Il présente trois aspects bien différents : au matin, au
midi, au soir. Au matin, le soleil se lève derrière la
chaîne des collines de l'est; dix minutes avant qu'il apparaisse, je vois monter une vapeur rose qui s'empare lentement mais victorieusement du ciel, assombrissant
encore la noire silhouette des collines qui se découpent
sur elle à travers cette vapeur qui va passer par tous les
intermédiaires, depuis le rose vif jusqu'au jaune ardent, et se glissent comme des fers de lance quelques
rayons précurseurs du soleil, qui continue de monter derrière les collines, dont les contours commencent à se do-
rer à ses rayons. Bientôt flotte à la double cime que forme
l'arête la plus élevée de cette chaîne comme un feu mouvant qui va s'élargissant toujours jusqu'à ce que l'astre

lui-même splendide, étincelant, ruisselant de flammes apparaisse, cratère inextinguible du volcan divin.

Alors, et au fur et à mesure qu'il monte au ciel, tout renaît à la vie sur la terre; la cime des Pyrénées passe d'un blanc mat aux reflets de l'argent le plus vif; leurs flancs noirs s'éclairent peu à peu, glissant du noir au violet, du violet au bleu clair. Comme une inondation de lumière qui descendrait des hauts sommets, le jour se répand dans la plaine. Alors les ruisseaux luisent comme des fils d'argent, la rivière se tord et ondoie comme un ruban de moire; les petits oiseaux chantent dans les buissons de laurier-rose, dans les haies de grenadier, dans les touffes de myrtes, et un aigle, roi du firmament, tourne dans l'éther, embrassant de son large vol un cercle de plus d'une lieue dans lequel je le vois disparaître et reparaître alternativement.

Au midi, tout le bassin que je viens de décrire se change en une ardente fournaise; éclairées de haut en bas, les montagnes ne savent plus cacher leurs flancs nus que trouent les ossements granitiques de la terre; on voit rejaillir sur les surfaces luisantes du roc les rayons brisés du soleil; les ruisseaux et la rivière se font pareils à des torrents de plomb fondu, les fleurs se fanent, les feuilles s'inclinent, les oiseaux se taisent; les cigales invisibles chantent aux branches des oliviers qui pétillent et à l'écorce des pins qui craquent, et les seuls êtres vivants qui animent avec elles ce désert de flammes sont tantôt un lézard vert qui monte au treillage de ma croisée, tantôt une couleuvre marbrée, qui, roulée en spirale, aspire avec sa gueule entr'ouverte et dans laquelle joue un dard noir et inoffensif les moucherons qui passent à portée de son haleine.

Au soir, la vie renaît pour un instant, comme pour un

instant renaît la lueur de la lampe qui va mourir; alors les cigales se taisent les unes après les autres, et le cri plaintif et monotone du grillon succède à leur grésillement; les lézards fuient, les couleuvres disparaissent, les buissons s'agitent sous le vol inquiet des oiseaux qui cherchent une hôtellerie où passer la nuit; le soleil descend à l'horizon qui m'est caché, et à mesure.qu'il descend, je vois les neiges pyrénéennes passer du rose tendre au rose pourpre, tandis que les ténèbres écloses au fond de la plaine montent chaque degré de l'escalier gigantesque que la lumière abandonne, jusqu'à ce que, selon la loi naturelle, le monde entier leur appartienne à son tour; alors tout bruit cesse, toute lueur terrestre s'éteint, les étoiles naissent silencieusement au ciel, et au milieu du silence nocturne, une seule mélodie s'éveille dans l'espace, c'est le chant du rossignol, l'amant des étoiles, l'improvisateur de l'obscurité.

Vous m'avez demandé ce que je voyais de ma fenêtre, je vous l'ai dit; fixez ce triple aspect dans votre pensée, occupez votre esprit pour distraire votre cœur; votre salut en ce monde et dans l'autre est dans ce mot :

Oubliez!

NEUVIÈME LETTRE.

13 mai.

Vous me dites d'oublier. Ecoutez ce qui se passe en moi. Dès que se répand l'obscurité, alors comprenez-vous une chose effrayante, inouïe, hors de nature? C'est que pendant mon sommeil, le mort n'est plus le mort, le trépassé revient à la vie, il est là près de moi avec ses longs cheveux noirs, sa figure pâle, son mâle visage tout empreint de la noblesse de sa race. Il est là, je lui parle, j'étends la main, je m'écrie : Mais tu vis donc encore? tu m'aimes donc toujours! Et il me répond que oui, qu'il vit encore, qu'il m'aime toujours, et la même vision, incessante, réglée, presque matérielle, se renouvelle chaque nuit pour ne disparaître qu'aux premiers rayons du jour. Eh! que n'ai-je pas fait, mon Dieu, pour que cette vision, œuvre de l'ange des ténèbres sans doute, cessât de me tourmenter! Je me suis ensevelie sous le buis bénit, j'ai roulé des rosaires saints autour de mon cou et de mes poignets, j'ai posé un crucifix sur ma poitrine et je me suis endormie les mains croisées sur les pieds du martyr divin : tout a été vain, inutile, infructueux; le jour me ramène à Dieu, mais l'obscurité à lui; je suis comme cette reine dont parle le poëte Homère, et dont chaque nuit défaisait l'ouvrage de chaque jour.

Qu'il n'y ait plus de nuit, qu'il n'y ait plus de sommeil, qu'il n'y ait plus de rêves, et j'onblierai peut-être.

Pouvez-vous obtenir cela de Dieu?

DIXIÈME LETTRE.

14 mai.

Tout ce que l'on peut obtenir de Dieu par la prière, je l'obtiendrai pour vous, car vous êtes véritablement blessée et la blessure est profonde et saignante.

Prions.

15 mai.

Je ne sais pas si depuis que je vous écris, j'éprouve
plus de calme, mais à coup sûr j'éprouve plus de soulage-
ment.

C'est qu'une puissante distraction est entrée dans ma
vie; j'étais sans famille, isolée dans le monde moral et dans
le monde matériel, tantôt couchée sur une tombe, tantôt
pleurant, désespérant toujours, et voici que tout à coup
je retrouve un frère.

Car il me semble que vous êtes pour moi un frère. Il
me semble que ce frère, que je ne connaissais pas, a
quitté la France avant que je fusse née. Il me semble que
je l'ai attendu, cherché sans cesse. Maintenant le voici
revenu. Maintenant, sans se révéler par la présence, il
se révèle par la voix. Je ne le vois pas, mais je l'écoute.
Je ne le touche pas, mais je l'entends.

Vous n'avez point idée combien ce paysage si brillam-
ment coloré par votre plume a occupé ma pensée. Qu'on
ne vienne pas me nier les miracles de la double vue : la
double vue existe. Par la force constante de ma volonté, ce
paysage est là présent, réfléchi dans mon esprit comme
dans un miroir. Je vois tout depuis les vapeurs roses du
matin s'élevant derrière la colline jusqu'à l'envahissement
grisâtre des ombres du soir; j'entends tout, depuis le bruit
de la fleur qui ouvre son calice à la rosée du matin jusqu'au chant du rossignol se prolongeant dans la solitude
et le silence de la nuit.

Et je vois tout cela de telle façon que si jamais je me

trouvais dans le cercle embrassé par vos regards, je dirais : Voilà les collines enflammées, voici les montagnes de neige, voici les ruisseaux d'argent, voici les rivières de moire, voici les grenadiers, voici les lauriers-roses, voici les myrtes, c'est ici, c'est ici.

Puis je vois encore votre ermitage s'élevant au-dessus des murs du jardin avec sa fenêtre voilée de jasmins et de pampres; puis je vous vois vous-même dans votre cellule blanche, agenouillé au pied de votre beau christ, priant pour vous et surtout pour moi.

Dites-moi quel est ce roi dont le portrait est dans votre cellule, ce roi pour lequel vous avez une vénération particulière, afin que moi aussi j'aie un portrait de ce roi, afin que j'aie une religion de plus qui soit votre religion.

Puis vous aussi je voudrais vous voir... oh! par la pensée seulement; tranquillisez-vous. Vous m'avez dit que pour vous le passé n'existait plus, et que je ne vous interrogeasse que sur le présent et sur l'avenir. Laissons le passé au néant, et dites-moi quel âge vous avez, sous quels traits il faut que je me fasse une image semblable à la vôtre; dites-moi depuis quelle époque vous êtes entré dans cet ermitage, dites-moi quand vous comptez dire un adieu définitif au monde.

Je voudrais savoir aussi à quelle distance nous sommes. Est-ce possible de calculer cela?

Vous me semblez si bon que je ne crains pas de vous lasser. Vous me semblez si savant que je ne crains pas de vous demander l'impossible.

Je vais penser à ce que peut renfermer votre réponse, et quand je l'aurai, je penserai à ce qu'elle renfermera.

Pars, colombe chérie, pars et reviens vite.

DOUZIÈME LETTRE.

13 mai, à trois heures précises de
l'après-midi.

Vous le voyez, en occupant votre esprit, je suis parvenu un instant à distraire votre cœur.

Il faut traiter l'âme comme le corps; faites oublier pendant un instant à un malade qu'il souffre, et pendant un instant il ne souffrira plus.

Vous voulez que je vous parle de moi, vous voulez chercher si dans l'homme physique et dans l'homme moral, vivant et inconnu, il y a quelque chose du mort que vous avez aimé : soit, écoutez.

Je suis né à Fontainebleau le 1er mai 1607; j'ai donc trente ans et quatorze jours. Je suis grand, je suis brun; j'ai les yeux bleus, le teint pâle, le front haut.

Je me suis retiré du monde depuis le 17 janvier 1633, et j'ai fait vœu, si certaines choses ne changeaient pas dans ma destinée, de me consacrer à Dieu dans les cinq ans de ma retraite.

Je me suis retiré du monde à la suite d'une grande catastrophe politique, dans laquelle mes plus chers amis ont été engloutis; à la suite d'une grande douleur personnelle dans laquelle mon cœur a été brisé.

Le portrait de ce roi qui est dans ma cellule et pour lequel j'ai une vénération toute particulière, est celui du roi Henri IV.

Maintenant, vous désirez savoir à quelle distance nous sommes l'un de l'autre : il est trois heures moins quelques minutes; je vais dater ma lettre de trois heures précises, moment où je lâcherai notre messagère.

Les pigeons font de quinze à seize lieues à l'heure; c'est ce que j'ai eu l'occasion d'étudier dans certaines circonstances où je me suis servi de leur office : notez l'heure à laquelle vous recevrez cette lettre, et calculez.

Ne me répondez que dans deux ou trois jours; employez ces deux ou trois jours à bâtir des chimères ou des réalités; puis jetez sur le papier, pauvre recluse, tout ce qui vous passera dans l'esprit, et envoyez-moi le résumé de vos recherches, le résultat de vos rêves.

Dieu soit avec vous!

TREIZIÈME LETTRE.

15 mai, deux heures après avoir reçu votre lettre.

Ecoutez! écoutez! Ce n'est point dans deux, ce n'est pas dans trois jours qu'il faut que je vous réponde, c'est tout de suite.

Mon Dieu! quelle idée folle s'empare de mon esprit, de mon cœur, de mon âme! Si celui que j'aime n'était pas mort! Si vous étiez celui que j'aime, celui que j'appelle, celui que je cherche, celui qui m'apparaît toutes les nuits!

Vous êtes né le 1er mai 1607; lui aussi! Vous êtes grand; lui aussi! Vous êtes brun; lui aussi! Vous avez les yeux bleus, le teint pâle, le front haut; lui aussi!

Puis, rappelez-vous les paroles que vous m'avez déjà dites dans une autre lettre, et qui sont restées vivantes dans ma mémoire :

Vous avez chu à travers les différents degrés de la grandeur humaine; vous n'avez pas frissonné au vent de la hache qui abattait les têtes autour de vous; vous avez, en tombant, perdu presque un royaume.

Je ne sais si tout cela s'applique à vous; mais tout cela, mon Dieu! mon Dieu! s'applique bien réellement à lui.

Vous avez dans votre cellule le portrait d'un roi que vous entourez de vénération et d'amour. Le portrait est celui du roi Henri IV. Et lui, lui il était fils du roi Henri IV.

Si vous n'êtes pas Antoine de Bourbon, comte de Moret, que l'on dit tué à la bataille de Castelnaudary, qui êtes-vous donc?

Répondez! au nom du ciel, répondez!

QUATORZIÈME LETTRE

16 mai, au point du jour.

Si vous n'êtes pas Isabelle de Lautrec que je crus infidèle, qui êtes-vous donc?

Moi, je suis Antoine, comte de Moret, que l'on crut tué à la bataille de Castelnaudary et qui vis encore non point par la miséricorde, mais par la vengeance du Seigneur.

Oh! si les choses sont comme je crains qu'elles ne soient, malheur à nous deux!

La colombe s'est perdue dans la nuit, ou, fatiguée peut-être, elle a été forcée de se reposer.

Elle n'est arrivée qu'aux premiers rayons du jour.

QUINZIÈME LETTRE.

16 mai, sept heures du matin.

Oui, oui, oui, malheureux! oui, je suis Isabelle de Lautrec! Vous m'avez crue infidèle, moi? comment, pourquoi, à quelle occasion? car je ne me défends plus, j'accuse.

Savez-vous que la colombe ne met que deux heures à aller de vous à moi et de moi à vous? Savez-vous par conséquent que nous ne sommes qu'à trente lieues l'un de l'autre?

Voyons, comment vous ai-je trompé? comment vous ai-je trahi? dites, dites!

Va, colombe, tu portes ma vie!

SEIZIÈME LETTRE.

16 mai, onze heures.

Mes yeux, mon cœur, mon âme, tout m'a-t-il trompé à la fois?

Est-ce ou n'est-ce pas Isabelle de Lautrec que j'ai vue entrer dans l'église cathédrale de Valence, le 5 janvier 1665?

Était-elle vêtue en fiancée? et celui qui marchait derrière elle en habit de fiancé, n'était-il pas le vicomte Emmanuel de Pontis?

Ou bien tout cela n'était-il qu'une illusion du mauvais esprit! Pas de doute, pas d'hésitation, pas de demi-réponse.

Le silence ou la preuve.

DIX-SEPTIÈME LETTRE.

16 mai, trois heures de l'après-midi.

Oui, la preuve! soit, elle me sera facile à donner.

Tout ce que vous avez vu paraissait être vrai, et cependant tout ce que vous avez vu était faux.

Seulement, j'ai un long récit à vous faire; tant mieux, notre pauvre colombe est épuisée et a besoin de repos.

Elle a mis près de quatre heures, au lieu de deux, pour revenir.

Je vais écrire une partie de la nuit.

Mon Dieu! Seigneur, donnez-moi un peu de calme; ma main tremble au point de ne pouvoir tenir ma plume.

Mon Dieu! je vais d'abord aller vous remercier de ce qu'il vit.

DIX-HUITIÈME LETTRE.

Six heures du soir.

J'ai passé trois heures à genoux, priant, appuyant mon front brûlant sur les dalles glacées, et me voilà plus calme.

Je reviens à vous.

Laissez-moi tout vous dire, tout vous raconter, depuis le moment où je vous ai quitté à Valence, jusqu'à celui où, malheureuse que je suis, j'ai prononcé mes vœux.

C'était, vous vous le rappelez bien, n'est-ce pas? c'était le 14 août 1652, que nous nous séparâmes; vous me dîtes adieu, sans me dire où vous alliez; j'étais pleine de sombres pressentiments; je ne pouvais lâcher le pan de votre manteau. Il me semblait que ce n'était pas une absence de quelques jours comme vous me le promettiez, mais une absence éternelle dans laquelle nous allions entrer.

Onze heures du soir sonnaient à l'église de la ville; vous montiez un cheval blanc; vous étiez enveloppé d'un manteau de couleur sombre; vous partîtes doucement d'abord, et trois fois vous revîntes sur vos pas pour me dire

adieu; à la troisième fois, vous me forçâtes à rentrer, car,
me dites-vous, si je restais à la porte, vous ne pourriez
vous décider à partir.

Pourquoi ne suis-je pas restée? pourquoi êtes-vous
parti ?

Je rentrai, mais ce ne fut que pour courir à mon
balcon. Vous regardiez en arrière ; vous me vîtes
apparaître faisant voltiger mon mouchoir tout mouillé
de larmes; vous levâtes votre chapeau aux plumes flot-
tantes, et j'entendis passer sur les ailes du vent votre
adieu, qui, affaibli par la distance, était devenu plaintif
comme un soupir.

Un grand nuage noir flottait au ciel et marchait rapidement à l'encontre de la lune; j'étendis les mains vers ce
nuage comme pour l'arrêter, car il allait éteindre le rayon
argenté à l'aide duquel je vous voyais encore; enfin, pareil à un monstre aérien, il s'avança la gueule ouverte et
engloutit la pâle déesse, qui disparut dans ses sombres
flancs. Alors j'abaissai mes yeux du ciel sur la terre et je
vous cherchai vainement; j'entendais encore le bruit des
fers se cognant sur le pavé dans la direction d'Orange;
mais je ne vous voyais plus. Tout à coup un éclair ouvrit
la nuée, et à la lueur de l'éclair, je distinguai encore votre
cheval blanc. Quant à vous, votre manteau sombre vous
avait déjà confondu avec la nuit. L'animal s'éloignait rapidement, mais semblait s'éloigner sans cavalier. Deux autres éclairs brillèrent encore, qui me montrèrent le cheval s'éloignant toujours, blanchissant comme un fantôme.
Depuis quelques secondes, je n'entendais plus même le
bruit de son galop. Un quatrième éclair vint accompagné
du grondement de la foudre; mais, soit qu'il eût tourné à
quelque coude du chemin, soit qu'il fût éloigné, le cheval
avait disparu.

Toute la nuit le tonnerre gronda, toute la nuit le vent
et la pluie battirent mes fenêtres; le lendemain, la nature
éperdue, échevelée, mourante, semblait en deuil comme
mon cœur.

Je savais ce qui se passait du côté où je vous avais vu
disparaître, c'est-à-dire en Languedoc. Le duc de Montmorency, votre ami, qui en avait le gouvernement, avait,
disait-on, adoptant le parti de la reine mère exilée et celui
de Monsieur, qui venait de traverser la France pour le
rejoindre, le duc de Montmorency avait fait révolter la
province, et levait des troupes pour marcher contre le roi
et M. de Richelieu. Vous alliez donc, pour servir un de
vos frères, combattre contre l'autre; vous alliez, ce qui
était bien plus dangereux encore, tirer l'épée et risquer
votre tête contre le terrible cardinal de Richelieu, qui
avait fait déjà tomber tant de têtes et brisé tant d'épées.

Vous le savez, mon père était à Paris près du roi. Je
partis avec deux de mes femmes sous prétexte d'aller vi-
siter ma tante, qui était abbesse de Saint-Pons, mais en
réalité pour me rapprocher de ce théâtre des événements
où vous alliez jouer un rôle.

Il me fallut huit jours de voyage pour franchir la distance qui sépare Valence de Saint-Pons. J'arrivai au
monastère le 25 août. Si peu que les saintes filles eussent
l'habitude de se mêler aux choses du monde, les événements
qui se passaient autour d'elles se faisaient si graves qu'ils
étaient l'objet de toutes les conversations et que tous les
serviteurs du couvent étaient en quête de nouvelles.

Voilà ce que l'on disait :

On disait que le frère du roi, monseigneur Gaston
d'Orléans, avait fait sa jonction avec le maréchal duc de
Montmorency, lui amenant deux mille hommes qu'il avait
levés dans la principauté de Trèves, qui, joints à quatre

mille qu'avait déjà M. de Montmorency, faisaient un total de six mille soldats.

Avec ces six mille soldats, il tenait Lodève, Albi, Uzès, Alais, Lunel et Saint-Pons, où je me trouvais. Nîmes, Toulouse, Carcassonne et Béziers, quoique peuplés de protestants, avaient refusé de se joindre à lui.

On disait encore que deux armées marchaient contre l'armée du duc de Montmorency. L'une venait par le Pont-Saint-Esprit et était commandée par le maréchal de Schomberg.

En outre le cardinal avait jugé nécessaire que Louis XIII se rapprochât du théâtre de la guerre, et il était, assurait-on, arrivé à Lyon. Une lettre que l'on m'apporta de Valence, non-seulement me confirma cette nouvelle, mais m'apprit que mon père, le baron de Lautrec, était près de lui.

Cette lettre était de mon père lui-même. Il m'annonçait la résolution prise entre son vieil ami le comte de Pontis et lui de resserrer encore les liens d'amitié et de parenté qui unissaient les deux maisons, en me mariant au vicomte de Pontis. Je vous avais déjà, vous vous le rappelez, parlé de ce projet de mariage, et c'est alors que vous m'aviez dit : Laissez-moi trois mois encore; pendant ces trois mois, de grands événements peuvent s'accomplir qui changeront bien des destinées. Laissez-moi trois mois encore, et je demanderai votre main au baron de Lautrec.

Ainsi donc au tourment de vous savoir parmi ceux que mon père appelait les rebelles se joignait cette crainte de voir une haine s'élever entre votre maison et celle de mon père, si fidèle et si loyal serviteur du roi, qu'il confondait le cardinal et lui dans une même admiration, et qu'il disait au moins une fois le jour ce que le roi disait une fois la semaine : Qui n'ayme pas M. le cardinal, n'ayme pas le roi.

Le 23 août, un arrêt parut qui déclarait le duc de Montmorency déchu de tous ses honneurs et dignités, ses biens étant confisqués et l'ordre étant donné au parlement de Toulouse de lui faire son procès.

Le lendemain le bruit se répandit que même déclaration avait paru pour vous, tout fils de roi que vous étiez, et pour M. de Rieux.

Jugez des émotions de mon pauvre cœur à tous ces bruits.

Le 24 je vis passer à Saint-Pons un émissaire du cardinal; il allait, disait-on, proposer la paix à M. de Montmorency. J'obtins de ma tante qu'elle lui fit offrir des rafraîchissements. Il accepta, s'arrêta un instant au parloir. Je le vis, je l'interrogeai. Ce que l'on avait dit était vrai. J'eus quelque espoir.

Cet espoir s'augmenta encore lorsque j'appris que l'archevêque de Narbonne, ami particulier de M. de Montmorency, était passé à Carcassonne dans le même but d'obtenir que le maréchal-duc mît bas les armes. Les propositions qu'il était chargé de faire au gouverneur du Languedoc étaient, disait-on, fort acceptables et même avantageuses à sa fortune et à son honneur.

Le bruit se répandit bientôt que le maréchal-duc avait tout refusé.

Quant à vous, car vous comprenez bien que l'on parlait beaucoup de vous, ce qui était à la fois un motif de terreur et de consolation pour moi, quant à vous, on disait qu'une lettre vous avait été écrite par le cardinal lui-même, mais que vous aviez répondu que votre parole était engagée depuis longtemps à Monsieur, et que Monsieur seul pouvait vous rendre votre parole.

Hélas! lâche et égoïste, il ne vous la rendit pas.

Le 29 août, nous apprîmes que l'armée de M. de

Schomberg, et celle de M. de Montmorency étaient en présence. Cependant le vieux maréchal n'oubliait pas que M. de Richelieu n'était qu'un ministre et pouvait tomber, que le roi n'était qu'un homme et pouvait mourir. Alors Monsieur, celui contre lequel il marchait, étant l'héritier présomptif de la couronne, devenait le roi de France. Il ouvrit donc avec Monsieur une dernière négociation, et envoya M. de Cavoie pour parlementer.

Nous savions tous cela. Mon âme se suspendit à chaque espérance qui l'enlevait au ciel. J'attendis, anxieuse, cette dernière réponse de M. de Montmorency.

Soit désespoir, soit présomption, le malheureux, confiant dans sa bravoure, répondit, vous le savez :

« — Combattons d'abord, après la bataille on parlementera. »

Dès lors, tout espoir d'accommodement fut perdu, et comme une victoire du duc de Montmorency était votre seul salut, j'oubliai mes devoirs de fille, j'oubliai mes devoirs de sujette, et, prosternée au pied des autels, je priai le Dieu des armées d'avoir un regard favorable pour le vainqueur de Vellano et le fils du vainqueur d'Ivry.

A partir de ce moment, je n'attendis plus qu'une nouvelle, celle de la bataille.

Hélas! le 1er septembre, à cinq heures du soir, cette nouvelle arriva terrible, fatale, désespérée.

La bataille était perdue; le maréchal-duc était prisonnier, et vous étiez, vous, les uns disaient blessé mortellement, les autres disaient mort!...

Je n'en demandai pas davantage; j'envoyai querir le jardinier, que je m'étais acquis d'avance. Je lui dis de se procurer deux chevaux et de m'attendre à la nuit tombante à la porte du jardin.

La nuit venue, je descendis, nous montâmes à cheval,

nous longeâmes la base des montagnes, nous franchîmes deux ou trois ruisseaux, nous laissâmes à gauche le petit village de la Lavinière, et à huit heures du soir, nous nous arrêtâmes à Cannes.

Mon cheval s'était blessé et boitait; je le changeai contre un cheval neuf et pris des nouvelles pendant ce temps.

On disait M. de Montmorency mort, ainsi que M. de Rieux. Quant à vous, les rapports étaient toujours flottants : les uns vous disaient mort; les autres, blessé mortellement.

Blessé mortellement, je voulais vous fermer les yeux; mort, je voulais vous mettre dans votre linceul.

Nous partîmes de Cannes vers huit heures et demie à travers champs, sans suivre aucune route tracée; le jardinier était de Saissac et connaissait le pays; nous piquâmes droit sur Montolieu.

Le temps était absolument semblable à celui qu'il faisait la nuit où nous nous quittâmes; de gros nuages noirs roulaient au ciel; le vent de la tempête sifflait dans les oliviers, vent chaud, lourd, étouffant, qui de temps en temps s'arrêtait pour laisser tomber verticalement de larges gouttes de pluie; le tonnerre grondait derrière Castelnaudary.

Nous ne fîmes que passer à travers Montolieu, sans nous arrêter. En avant de cette petite ville, nous rencontrâmes les premiers postes de M de Schomberg. Je renouvelai les questions. Le combat s'était engagé vers onze heures du matin et avait duré une heure à peu près; cent personnes à peine avaient été tuées.

Je demandai si vous étiez au nombre des morts. On s'en informa. Un enfant perdu dit vous avoir vu tomber. Je le fis venir; il avait vu en effet tomber un chef, mais il n'était pas bien sûr que ce fût vous. Je voulus l'emmener avec moi; il était de garde et ne put venir.

Seulement il donna tous les renseignements au jardinier. C'était le comte de Moret qui avait engagé l'action, et s'il avait été tué, il avait été tué par un officier de carabiniers nommé Biteran.

J'entendais tous ces détails avec un frissonnement glacé; ma poitrine était oppressée à ne pouvoir parler, et des gouttes de sueur aussi grosses que mes larmes roulaient sur mon visage et se confondaient avec elles.

Nous nous remîmes en route, nous avions fait douze ou treize lieues en cinq heures, mais comme j'avais changé de cheval à Cannes, je pouvais arriver à Castelnaudary; si celui du jardinier tombait en chemin, il promettait de me suivre en s'attachant à la crinière du mien.

En sortant de Montolieu, nous tombâmes dans un bois qui était gardé. Nous nous fîmes reconnaître. On nous conduisit aux bords du ruisseau de Bernassonne, que nous passâmes à gué, ainsi que deux autres ruisseaux que nous rencontrâmes encore sur notre chemin. Entre Ferrals et Villespy, le cheval du jardinier tomba et ne put se relever; mais par bonheur nous étions presque arrivés : nous apercevions les bivacs de l'armée royale, et dans la prairie où avait eu lieu le combat, des lumières errantes.

Mon compagnon de route me dit que ces lumières étaient celles des soldats qui sans doute s'apprêtaient à enterrer les morts; je le priai de faire un dernier effort pour me suivre; j'enfonçai les éperons dans le ventre de mon cheval, prêt à tomber lui-même, et nous dépassâmes le dernier feu du camp.

Nous venions de laisser le village de Saint-Papoul à notre droite, quand mon cheval se cabra.

Je me penchai, je vis une masse informe, c'était un soldat mort.

Je venais de heurter le premier cadavre.

Je sautai à bas de mon cheval, que je laissai aller à l'aventure. J'étais arrivée.

Le jardinier courut aux torches et aux groupes les plus proches de nous. Je m'assis sur un tertre de gazon, et j'attendis.

Le ciel était toujours assombri par de gros nuages noirs, le tonnerre continuait de gronder à l'ouest, quelques éclairs illuminaient de temps en temps le champ de bataille.

Le jardinier revint avec une torche et quelques soldats.

Il les avait trouvés creusant une grande fosse pour y jeter tous les cadavres, mais nul cadavre n'y avait encore été jeté.

Là je commençai à avoir des nouvelles plus positives: monsieur de Montmorency, quoique atteint de douze blessures, n'était pas mort, mais prisonnier; il avait été pris, porté dans une métairie à un quart de lieue du champ de bataille, s'était confessé à l'aumônier de M. de Schomberg, après quoi, pansé par le chirurgien des chevau-légers, il avait été porté à Castelnaudary sur une échelle.

M. de Rieux était tué, on avait retrouvé son corps.

Quant à vous, on vous avait vu tomber de cheval, mais on ne pouvait dire ce que vous étiez devenu.

Je demandai où l'on vous avait vu tomber; on me dit que c'était à l'embuscade.

Les soldats voulurent savoir qui j'étais.

— Regardez-moi, leur dis-je, et devinez.

Les sanglots m'étouffaient, les larmes ruisselaient sur mon visage.

— Pauvre femme, dit l'un d'eux, elle l'aime!

Je saisis la main de cet homme, je l'eusse embrassé.

— Reviens avec moi, lui dis-je, et aide-moi, mort ou vivant, à le retrouver.

— Nous vous aiderons, dirent deux ou trois soldats.

Puis, à l'un d'eux :

— Marche devant, dirent-ils.

Celui qu'on venait de choisir pour être notre guide prit la torche et nous éclaira.

Je les suivis.

L'un d'eux m'offrit de m'appuyer sur lui.

— Merci, lui dis-je, je suis forte.

En effet, je ne me sentais aucune fatigue, et il me semblait que j'eusse pu aller jusqu'au bout du monde.

Nous fîmes trois cents pas à peu près; de dix pas en dix pas, il y avait un cadavre; à chaque cadavre, je voulais m'arrêter pour voir si c'était bien vous; mais les soldats me poussaient en avant en me disant : Ce n'est point ici, madame.

Enfin, nous arrivâmes vers un chemin creux, couronné de quelques têtes d'olivier; un ruisseau courait au fond du chemin creux.

— C'est ici, dirent les soldats.

Je passai ma main sur mon front; je chancelai, et me sentis prête à m'évanouir.

Nous commençâmes par chercher sur la hauteur; il y avait là une douzaine de cadavres; je pris la torche des mains de celui qui la portait, et je la penchai vers la terre.

L'un après l'autre, je visitai tous les cadavres; deux avaient la face contre terre. Un de ces deux hommes était un officier; il avait les cheveux noirs comme vous; je le fis tourner sur le dos; j'écartai ses cheveux : ce n'était pas vous.

Tout à coup, je poussai un cri. Je me baissai; j'avais reconnu votre chapeau; je le ramassai. Les plumes étaient celles que j'y avais attachées moi-même; il n'y avait pas à s'y tromper.

C'était là que vous étiez tombé; seulement, étiez-vous tombé mort ou blessé? là était la question.

Les soldats qui m'accompagnaient se parlèrent bas. Je vis l'un d'eux allonger le bras dans la direction du ruisseau.

— Que dites-vous? leur demandai-je.

— Nous disons, madame, répondit celui qui avait allongé le bras que, lorsqu'on est blessé, surtout d'un coup de feu, on a soif. Si le comte de Moret a été blessé seulement, peut-être se sera-t-il traîné pour boire jusqu'au ruisseau qui coule au fond de ce ravin.

— Oh! c'est un espoir! m'écriai-je. Venez!

Et je m'élançai à travers les oliviers. La descente était rapide. Je ne m'en aperçus pas. Cérès, la torche à la main, cherchant Proserpine perdue, ne marchait pas, toute déesse qu'elle était, d'un pas plus rapide et plus sûr que moi.

En un instant je fus au bord du ruisseau. Deux ou trois blessés en effet avaient tenté des efforts pour l'atteindre. L'un avait expiré en route. Le second l'avait atteint de la main, mais n'avait pu aller plus loin. Le troisième avait la tête dans le ruisseau même et était mort en buvant.

Un de ces trois corps poussa un soupir.

Je courus à lui. C'était l'homme qui avait atteint le ruisseau de la main, mais qui n'avait pu l'atteindre de la bouche. Il était évanoui.

La fraîcheur de la nuit ou un miracle du ciel lui rendait le sentiment. Je me mis à genoux, j'éclairai son visage avec ma torche, je jetai un cri.

C'était votre écuyer Armand.

A ce cri, il ouvrit les yeux et me regarda d'un air effaré.

Il me reconnaissait.

— A boire! demanda-t-il.

J'allai puiser de l'eau dans votre feutre et la lui donnai. Un soldat m'arrêta.

— Ne lui donnez pas à boire, me dit-il à l'oreille. Parfois on meurt en buvant.

— A boire! répéta le moribond.

— Oui, lui dis-je, vous allez avoir à boire, mais dites-moi ce qu'est devenu le comte de Moret.

Il me regarda plus fixement qu'il n'avait fait encore et me reconnut.

— Mademoiselle de Lautrec! murmura-t-il.

— Oui, c'est moi, Armand; c'est moi qui cherche votre maître, répondis-je. Où est-il? où est-il?

— A boire! demanda le blessé d'une voix mourante.

Je me rappelai que j'avais dans ma poche un flacon d'eau de mélisse. Je lui en versai quelques gouttes sur les lèvres.

Il parut se ranimer un peu.

— Où est-il, au nom du ciel? lui demandai-je.

— Je ne sais, répondit-il.

— L'avez-vous vu tomber?

— Oui.

— Mort ou blessé?

— Blessé.

— Qu'est-il devenu?

— On l'a emporté.

— De quel côté?

— Du côté de Fondeille.

— Les gens du roi ou les gens de M. de Montmorency?

— Les gens de M. de Montmorency.

— Ensuite?

— Je ne sais rien de plus en ce moment. Je fus blessé moi-même, mon cheval fut tué, je tombai. La nuit venue, je me traînai jusqu'ici, car j'avais soif. En arrivant près du ruisseau, je m'évanouis sans pouvoir y atteindre. A boire! à boire!

— Donnez-lui à boire maintenant, dit le soldat, il a dit tout ce qu'il savait.

Je puisai de l'eau dans votre chapeau, les soldats lui soulevèrent la tête, j'approchai l'eau de ses lèvres, il but avidement trois ou quatre gorgées, puis se renversa en arrière, poussa un soupir et se roidit.

Il était mort.

— Vous voyez que vous avez bien fait de le faire parler avant de lui donner à boire, dit le soldat en lâchant la tête du pauvre Armand, qui retomba lourdement à terre.

Je restai un moment immobile, me tordant les bras par un mouvement insensible.

— Que faisons-nous maintenant, madame? demanda le jardinier.

— Sais-tu où est Fondeille? lui demandai-je.

— Oui.

— Allons du côté de Fondeille.

Puis me retournant du côté des soldats :

— Qui vient avec moi? demandai-je.

— Nous! dirent-ils tous trois.

— Venez donc.

Nous gravimes jusqu'à le cime du chemin creux, puis nous descendîmes dans la prairie.

Un officier faisait une ronde à la tête d'une douzaine de soldats; mes compagnons se regardèrent et se parlèrent tout bas.

— Que dites-vous? demandai-je.

— Nous disons que voilà un officier qui pourrait vous donner des renseignements.

— Lequel?

— Celui-là.

Et ils me montraient le capitaine qui conduisait la ronde.

— Et pourquoi pourrait-il me donner des renseignements?

— Parce que justement il combattait ici.

— Allons à lui, alors.

Et je fis quelques pas rapides dans la direction de l'officier.

— Un soldat m'arrêta.

— Mais, dit-il, c'est que...

— Pourquoi m'arrêtez-vous? lui demandai-je.

— Vous voulez à tout prix avoir des renseignements? demanda le soldat.

— A tout prix.

— Quel que soit celui qui vous les donne?

— Quel qu'il soit.

— Alors j'appellerai le capitaine.

Et à son tour, il fit quelques pas en avant.

— Capitaine Bitéran? dit-il.

L'officier s'arrêta, essaya de percer l'obscurité du regard.

— Qui m'appelle? demanda-t-il.

— On voudrait parler à vous, mon officier.

— Qui cela?

— Une dame.

— Une dame! à cette heure, sur le champ de bataille?

— Pourquoi pas, monsieur, si cette femme vient sur le champ de bataille chercher celui qu'elle aime, pour le soigner s'il n'est que blessé, pour l'ensevelir s'il est mort?

L'officier s'approcha : c'était un homme de trente ans.

En m'apercevant, il ôta son chapeau, et je vis une figure douce et distinguée, encadrée par des cheveux blonds.

— Qui cherchez-vous, madame? me demanda-t-il.

— Antoine de Bourbon, comte de Moret, répondis-je.

L'officier me regarda avec plus d'attention qu'il n'avait fait encore.

Puis pâlissant légèrement et d'une voix altérée :

— Le comte de Moret? demanda-t-il. Vous cherchez le comte de Moret?

— Oui, le comte de Moret; ces braves gens m'ont dit que mieux que personne, vous pouviez me donner des nouvelles sûres de ce qui lui est arrivé.

Il regarda les soldats, et son regard jeta une double flamme sous ses sourcils froncés.

— Dame! mon capitaine, dit l'un d'eux, il paraît que c'est son fiancé, à cette dame, et elle veut savoir ce qu'il est devenu.

— Monsieur, au nom du ciel! m'écriai-je, vous avez vu le comte de Moret, vous savez quelque chose de lui; dites-moi ce que vous en savez.

— Madame, voici ce que j'en sais : On m'avait envoyé avec ma compagnie de carabins pour masquer l'embuscade qui était là dans le chemin creux; nous devions nous retirer après la décharge, afin de laisser l'ennemi s'engager. M. le comte de Moret, qui tenait à montrer son courage, ne s'étant jamais trouvé à aucun combat, chargea témérairement sur nous, et commença l'attaque en tirant un coup de pistolet sur... ma foi! madame, je ne vois pas pourquoi je mentirais... en tirant un coup de pistolet sur moi. La balle du pistolet coupa la plume de mon feutre. Je ripostai, et j'eus le malheur de tirer plus juste.

Je poussai un cri de terreur.

— C'est vous? fis-je en reculant d'un pas.

— Madame, dit le capitaine, le combat a été loyal. Je croyais n'avoir affaire qu'à un simple officier de l'armée du maréchal-duc. Certes, si j'eusse su que celui qui me chargeait était un prince, et que ce prince était le fils du roi Henri IV, j'eusse laissé ma vie à sa disposition plutôt que d'attenter à la sienne. Mais ce fut lorsqu'il tomba seulement que je l'entendis crier : « A moi, Bourbon! » je me doutai alors qu'il venait d'arriver un grand malheur.

— Oh! oui, m'écriai-je, un grand malheur. Mais enfin, est-il mort?

— Je ne sais, madame; en ce moment, la mousquetade s'engagea. Mes carabins reculèrent, selon l'ordre qu'ils avaient reçu. Je reculai avec eux et je vis qu'on emportait le comte, tout sanglant et sans chapeau.

— Oh! son chapeau, le voilà!

Et je le portai passionnément à mes lèvres.

— Madame, dit le capitaine avec une douleur qui n'était pas feinte, donnez-moi vos ordres. Après avoir causé un si grand malheur, comment puis-je, je ne dirai pas l'expier, mais vous être utile dans vos recherches? Dites, et je ferai tout au monde pour vous aider.

— Merci, monsieur, dis-je en essayant de reprendre ma puissance sur moi-même, mais vous ne pouvez rien pour moi, que m'indiquer la direction dans laquelle on a emporté le comte.

— Dans la direction de Fondeille, madame, répondit-il; mais pour plus grande sûreté, prenez le chemin que vous trouverez à cent pas d'ici à votre droite; à un quart de lieue, vous rencontrerez une maison où vous vous informerez.

— C'est bien, dis-je au jardinier. Vous comprenez, n'est-ce pas?

— Oui, madame.

— Allons.

— Je pourrais offrir des chevaux à madame, hasarda timidement l'officier.

— Merci, monsieur, répondis-je, je vous ai demandé tout ce que je désirais savoir de vous et vous m'avez rendu tous les services que vous pouviez me rendre.

Je partageai une poignée de louis entre les trois soldats.

Deux s'éloignèrent, mais le troisième voulut absolument me conduire vers la maison indiquée.

Je marchais rapidement dans la direction de cette maison. Cependant je ne pus résister au désir de saluer une dernière fois, en me retournant, le terrain consacré par votre sang, et je vis le capitaine immobile, demeurant à la place où je l'avais quitté, et les yeux fixés sur moi et me regardant m'éloigner comme un homme frappé d'atonie.

Nous arrivâmes à la maison. Tout le long de la route, nous avions rencontré des cadavres gisant sur notre chemin, mais j'étais déjà habituée à ce spectacle et je marchais d'un pas ferme presque sur les hommes dans cette herbe ensanglantée qui montait jusqu'à mes genoux.

Nous atteignîmes la maison; elle était occupée par des blessés des deux partis, couchés sur la paille étendue à terre. Je pénétrai dans cet asile de douleur; j'interrogeai les mourants de la voix, comme j'avais interrogé les morts du regard; à mes instances un moribond se souleva sur le coude.

— Le comte de Moret, dit-il, je l'ai vu passer dans le carrosse de Monsieur.

— Mort ou blessé? demandai-je.

— Blessé, dit le moribond, mais il était comme moi, il ne valait guère mieux blessé que mort.

— Mon Dieu! m'écriai-je, et où le conduisait-on?

— Je ne sais pas, seulement je lui ai entendu dire un nom.

— Lequel?

Celui de madame de Ventadour, et la voiture a pris un chemin de traverse.

— Oui, je comprends; il se sera fait conduire chez madame de Ventadour, à l'abbaye de Prouille; c'est cela; merci, mon ami.

Et laissant quelques louis près de lui, je sortis en disant au jardinier : A l'abbaye de Prouille.

L'abbaye de Prouille était située à deux lieues à peu près de l'endroit où nous nous trouvions. Le cheval du jardinier était tombé de fatigue, j'avais laissé le mien dans la prairie du champ de bataille. Impossible de se procurer un carrosse, même une charrette. D'ailleurs toutes les recherches eussent pris du temps. Je ne ressentais aucune fatigue, nous partîmes à pied.

A peine avions-nous fait un quart de lieue que la pluie commença de tomber et que l'orage contenu jusqu'alors éclata. Mais j'étais tout entière avec vous, je ne sentais pas la pluie, je n'entendais pas l'orage, je continuai mon chemin au milieu des torrents d'eau qui ruisselaient autour de moi, à la lueur des éclairs qui parfois illuminaient le paysage à le voir comme en plein jour. Nous passâmes près d'un grand chêne. Le jardinier me suppliait de m'y abriter un instant et d'attendre sous cet abri que l'orage fût calmé; je secouai la tête et continuai mon chemin sans lui répondre; une minute après, la foudre tomba sur le chêne, le mit en pièces et en dévora les débris.

Je me contentai de lui montrer de la main ce qui venait d'arriver.

— C'est vrai, madame, dit-il, et vous êtes protégée du ciel, et puisque Dieu vous donne la force, allons.

Nous allâmes donc pendant une heure encore à peu près. Au bout d'une heure, un éclair nous montra l'abbaye où nous nous rendions. Je doublai le pas et nous arrivâmes.

Tout dormait dans l'abbaye ou faisait semblant de dormir. Je me suis toujours défiée depuis de ce sommeil si profond de la tourière, des sœurs et de l'abbesse elle-même.

On m'ouvrit enfin, mais avec mille précautions. Il est évident qu'en nous entendant frapper, on avait craint la visite de quelque corps perdu ou de quelque horde pillarde. Je me hâtai de me faire reconnaître et aussitôt je demandai de vos nouvelles.

La sœur tourière ne savait ce que je voulais dire; elle affirmait ne pas vous avoir vu, ne pas même savoir que vous fussiez blessé.

Je demandai à parler à madame de Ventadour.

On me conduisit à elle.

Je la trouvai tout habillée. Au bruit que nous avions fait, ignorant qui faisait ce bruit, elle s'était vêtue. Je crus remarquer qu'elle était pâle et tremblante.

Elle rejeta cette pâleur et ce tremblement sur la crainte qu'elle avait eue, en entendant frapper, que ce ne fussent des soldats mal intentionnés qui frappassent.

Je la rassurai; je lui dis comment j'étais partie de Saint-Pons, comment j'étais arrivée sur le champ de bataille, comment j'avais retrouvé la place où vous étiez tombé. Je lui montrai votre chapeau, que je tenais toujours dans ma main crispée. Je lui dis les renseignements que m'avait donnés le mourant, et je finis par la conjurer, au nom du ciel, de me dire ce qu'elle savait de vous.

Elle me répondit que l'on m'avait trompée sans doute,

ou bien que le carrosse, après avoir pris le chemin de l'abbaye, s'était égaré, soit à droite, soit à gauche, dans quelque chemin aboutissant à cette route; quant à elle, elle ne vous avait pas vu, elle n'avait pas même entendu parler de vous.

Je laissai tomber mes bras et me couchai sur une chaise longue qui se trouvait là; mes forces m'avaient abandonnée avec l'espérance.

L'abbesse appela ses femmes, on me dépouilla de mes habits, que la pluie d'orage avait collés sur moi; j'avais laissé mes souliers dans la boue des chemins, et sans m'en douter, j'avais fait plus d'une lieue pieds nus; on apporta un bain dans lequel on me mit, et où je tombai dans une espèce de torpeur qui ressemblait à un évanouissement.

Je revins à moi en entendant dire que l'on avait vu un carrosse prendre la route de Mazères. J'interrogeai, on tenait ce renseignement d'un paysan qui avait dans la soirée apporté du lait au couvent.

L'abbesse m'offrit sa propre voiture et ses propres chevaux, en supposant que je voulusse continuer mes recherches.

J'acceptai.

On m'apporta alors des habits, car voyant venir les premiers rayons du jour, je ne voulais pas perdre un instant pour continuer mon chemin; il était d'autant plus possible que vous vous fussiez fait conduire à Mazères, que Mazères était un château-fort que l'on disait tenir pour M. de Montmorency.

Madame de Ventadour me donna son propre cocher, et nous partîmes.

A Villeneuve-le-Comtat, à Payra, à Sainte-Lamette, nous nous informâmes; non-seulement personne n'avait rien vu, mais on ignorait encore dans ces trois villages que le combat de Castelnaudary eût eu lieu.

Nous n'en poursuivîmes pas moins notre chemin jusqu'à Mazères. Là, les renseignements devaient être positifs; les portes étaient gardées; ceux qui gardaient ces portes étaient à M. de Montmorency : ils n'avaient donc aucun motif de dissimuler la présence du comte de Moret parmi eux.

Nous arrivâmes aux portes; on n'avait vu aucun carrosse, on ignorait que le comte de Moret fût blessé; nous apportions la première nouvelle du combat de Castelnaudary.

Nous eûmes bientôt la preuve que cette réponse était vraie; car un officier accourut à toute bride, annonçant de la part de Monsieur que M. de Montmorency était prisonnier; que M. de Rieux était blessé; que tout enfin était perdu, et que chacun eût à songer à soi.

Dès lors on ne s'occupa plus de nous, et l'on ne répondit plus à nos questions.

J'avais complétement perdu votre trace : nous nous mîmes à chercher au hasard; nous enveloppâmes le théâtre des événements d'un grand cercle, comme font les chasseurs à la piste du gibier. Nous visitâmes Belpech, Cahusac, Faujaux, Alzonnet, Conques, Peyrac; en aucune de ces localités il n'y avait vestige de votre passage; c'était entre Fondeille et l'abbaye que votre carrosse avait disparu comme une vision.

A Peyrac, je trouvai l'intendant de notre maison de Valence. Mon père avait fait prévenir qu'il allait passer deux ou trois mois au château. On s'était mis alors à ma recherche, et l'on me suppliait de venir.

J'avais perdu tout espoir de vous retrouver pendant les trois semaines de courses que j'avais faites. Je reviens au château.

Mon père arriva le lendemain. Il me trouva mourante.

Tout le monde au château m'avait dans une si profonde vénération, que, sur un mot qu'avait dit l'intendant, nul ne parla de mon voyage.

Mon père vint à moi, s'assit sur mon lit. C'est un homme grave et sévère, comme vous savez. Je lui avais parlé de mon amour pour vous, de cette promesse que vous m'aviez faite d'être mon époux. L'honneur de votre alliance était tel qu'il avait dû renoncer à son projet favori, qui était de me marier avec le vicomte de Pontis, le fils de son vieil ami. Mais, vous mort, ce projet rentrait dans son esprit avec plus de force et de réalité.

D'ailleurs, Louis XIII lui avait parlé de cet amour de sa fille pour un rebelle. Louis XIII était d'autant plus irrité contre vous que vous étiez son frère. Tous vos biens avaient été confisqués, et si l'on ne vous eût pas su mort, votre procès, tout fils de roi que vous étiez, vous était fait comme à M. de Montmorency.

Ainsi donc c'était un bonheur que vous fussiez mort, mort sur le champ de bataille. Ce capitaine que j'avais vu, que j'avais interrogé, ce meurtrier que j'avais maudit, et dont la pâle figure a reparu plus d'une fois dans mes rêves, ce meurtrier vous avait sauvé de l'échafaud. J'écoutais tristement, sombrement mon père; j'avais jugé que son parti était pris. M. le comte de Pontis, qui avait combattu dans l'armée du maréchal de Schomberg, était en toute faveur. Mon père aurait pour lui contre moi le roi et le cardinal.

Je pris parti de mon côté.

Je demandai trois mois à mon père, m'engageant, ces trois mois écoulés, si je n'avais aucune nouvelle de vous, ou si votre mort se confirmait, à suivre le vicomte de Pontis à l'église.

Le 30 octobre, M. de Montmorency fut exécuté.

Alors je bénis presque votre meurtrier, car si je vous eusse su souffrant tout ce que souffrait le pauvre duc, je serais morte.

Il n'y avait plus aucun doute sur vous; chacun disait que vous aviez été tué. J'étais veuve sans avoir été épouse!

Les trois mois s'écoulèrent; le dernier jour du troisième mois, mon père se présenta au château avec le vicomte de Pontis.

Je connaissais la ponctualité de mon père, et je ne voulais pas le faire attendre.

Il me trouva en costume de fiancée.

Onze heures sonnaient; le prêtre nous attendait à l'église; je me levai et appuyai mon bras sur celui de mon père.

Le comte de Pontis marcha derrière nous avec son fils.

Cinq ou six amis communs, une douzaine de familiers et quelques serviteurs nous suivirent.

Nous nous acheminâmes vers l'église.

Mon père ne me parlait point; il me regardait seulement, et visiblement il s'étonnait de me trouver si calme.

Comme les martyrs qui marchent à la mort, mon visage s'éclairait au fur et à mesure que je me rapprochais du lieu du supplice.

En entrant dans l'église, j'étais pâle mais souriante; comme le naufragé battu de la tempête, je voyais le port.

Le prêtre nous attendait à l'autel; nous nous approchâmes et nous nous mîmes à genoux. J'avais craint un moment qu'arrivée à ce point, la force ne me manquât.

Je remerciai le Seigneur de toute mon âme. La force était en moi.

Le prêtre demanda à M. de Pontis s'il me prenait pour épouse.

— Oui, répondit M. de Pontis.

Il me fit la même question, me demandant à mon tour si je prenais M. de Pontis pour époux.

— Mon époux dans ce monde et dans l'autre, répondis-je, est mon divin Sauveur Jésus, et je n'aurai jamais d'autre époux.

J'accentuai cette réponse d'un ton si calme et si ferme à la fois, que les assistants n'en perdirent pas une parole.

M. de Pontis me regarda d'un air effrayé et comme si j'eusse été folle.

Mon père fit un pas en avant.

Quant à moi, je franchis la grille qui me séparait de l'autel, et d'une voix haute :

— A partir de ce moment, m'écriai-je les bras au ciel, j'appartiens à Dieu, et nul n'a le droit de me réclamer que Dieu!

— Isabelle! cria mon père, oseriez-vous méconnaître mon autorité?

— Il y a une autorité plus haute et plus sainte que la vôtre, mon père, répondis-je respectueusement: c'est celle de celui qui m'a fait rencontrer la foi sur la route du malheur. Mon père, je ne suis plus du monde terrestre : priez pour moi. Je prierai pour vous tous.

Mon père voulut franchir la grille à son tour pour m'arracher de l'autel; mais le prêtre étendit les deux bras vers lui.

— Malheur! dit-il à celui qui force la vocation, ou qui veut l'arrêter! Cette jeune fille s'est donnée à Dieu, je la reçois dans la maison de Dieu comme dans un saint asile, d'où nul, pas même son père, n'a le droit de l'arracher violemment.

Peut-être mon père n'eût-il pas été arrêté par cette menace; mais le comte de Pontis l'entraîna. Le vicomte et les autres assistants suivirent les vieillards, et la porte se referma sur eux.

Le prêtre demanda où je voulais me retirer. Je me fis conduire au couvent des Ursulines.

Mon père partit à l'instant même pour Paris, où était le cardinal. Mais tout ce qu'il obtint du cardinal fut que je ne pourrais faire mes vœux qu'au bout d'un an.

L'année s'écoula. Au bout d'un an et un jour, je pris le voile.

Il y a quatre ans de cela.

Depuis quatre ans, il ne s'est point passé un seul jour sans que je priasse pour vous, en baisant les plumes de ce chapeau que j'avais ramassé sur le champ de bataille de Castelnaudary, seule relique qui me restât de vous.

Vous savez tout maintenant.

Maintenant donc, à votre tour, parlez, racontez-moi chaque chose en détail; dites-moi par quel miracle vous vivez; dites-moi où vous êtes; dites-moi comment je puis vous revoir. Dites vite tout cela, ou je deviens folle!

17 mai, quatre heures du matin.

DIX-NEUVIÈME LETTRE.

six heures du matin, aussitôt votre
lettre lue.

Dieu a détourné un instant ses yeux de nous, et pendant cet instant, l'ange du mal a passé au-dessus de nos têtes et nous a touchés.

Écoutez à votre tour.

Vous savez quels étaient mes engagements avec mon frère Gaston. D'ailleurs, en agissant pour l'un, je croyais agir pour l'autre. Le ministre me paraissait peser plus encore sur le roi que sur nous tous.

Une pareille oppression était intolérable pour des fils de France, et à chaque instant le cardinal forçait la volonté du roi, disposait de son sceau sans le consulter, de ses armes malgré lui. Il dépensait six fois plus en un jour dans sa maison que tous les fils de Henri IV, y compris celui qui était sur le trône, ne faisaient dans les leurs. Et tandis qu'à lui seul il avait englouti plus de deux cents millions, un tiers à peine des habitants de la France mangeait du pain ordinaire ; l'autre tiers ne vivait que de pain d'avoine, et le dernier tiers, pareil à un troupeau d'animaux immondes, ne se substantait que de glands.

Il avait à lui dans le royaume autant de places et de forteresses que le roi. Il avait Brouage, Oleron, Rhé, la Rochelle, Saumur, Angers, Brest, Amboise, le Havre, Pont-de-l'Arche et Pontoise, en sorte qu'il venait jusqu'aux portes de Paris. Il était maître de la province et de la citadelle de Verdun. Outre les troupes employées dans ces places, dans ces forteresses, dans ces citadelles, il avait une armée de mer. Il sortait avec des gardes. Il tenait toutes les clefs de la France dans ses mains. La France entière se réunissant contre lui, n'était pas capable de lever une armée assez forte pour l'opposer à la sienne. Les prisons étaient devenues des sépulcres destinés à ensevelir les vrais serviteurs du roi, et le crime de lèse-majesté n'était plus d'attenter contre le roi ou contre son État, mais de n'avoir pas un zèle et une obéissance aveugles pour toutes les volontés et les desseins de son ministre.

Voilà ce que je devais vous dire, d'abord et avant tout; car ce que je vous dis là, c'est mon excuse de vous avoir quittée et d'avoir pris le parti de celui qui plus tard nous devait tous renier vivants ou morts.

Ce fut le procès et l'exécution du vieux maréchal de Marillac qui décida tout. J'étais en correspondance avec mon frère Gaston et avec la reine Marie de Médicis, qui avait toujours été parfaite pour moi. Je résolus de joindre ma fortune à la leur.

Vous rappelez-vous ma tristesse à cette époque? vous rappelez-vous mon émotion, le trouble de ma voix allant jusqu'aux sanglots, quand je vous disais que mon avenir était plus incertain que celui de la feuille naissante sur l'arbre au pied duquel nous étions assis, et quand je vous demandai trois mois, avant de faire de vous ma femme, tout en vous disant que le jour le plus heureux de ma vie serait celui où je deviendrais votre époux?

En effet, dès ce moment-là, je savais tous les projets de mon frère Gaston, et j'étais l'intermédiaire entre lui et le pauvre Montmorency.

Vous me dites de n'omettre aucun détail. Oh! j'ai trop besoin de me justifier à vos yeux pour rien omettre ou rien oublier.

Nous devions avoir pour nous les Espagnols et les Napolitains. Les Napolitains, au moment où Montmorency se déclara, parurent en effet sur la côte de Narbonne, mais ils n'osèrent débarquer. Quant aux Espagnols, ils vinrent de leur côté jusqu'à Urgel, mais ils ne passèrent pas la frontière.

Vous vîtes l'insurrection grandir tout autour de vous, vous entendîtes les cris de révolte de Bognols, de Lunel, de Beaucaire et d'Alais. Je vous montrai un matin, et cela le cœur serré, car je sentais que c'était notre séparation, je vous montrai un matin un manifeste dans lequel mon frère Gaston prenait le titre de lieutenant général du royaume. Peu de temps après, vous apprîtes par une lettre du roi adressée à votre père, et qui lui ordonnait de se rendre à Paris, vous apprîtes qu'il était rentré en France avec 1,800 chevaux, qu'il avait brûlé le faubourg de Saint-Nicolas de Dijon et les maisons des membres du parlement qui avaient jugé Marillac.

Un jour, à mon tour, je reçus une lettre. Mon frère m'écrivait d'Albi et me sommait de tenir ma parole.

Ce jour fut celui où je pris congé de vous, le 14 août 1632, date fatale, restée profondément et d'une manière aussi sombre empreinte dans mon cœur que dans le vôtre.

Oh! tous les détails de ce départ sont bien vrais. La peinture de cette nuit est bien fidèle. Seulement je vous vis, moi, plus longtemps que vous ne pûtes me voir. Vous étiez sur le balcon de votre chambre, éclairée derrière vous, tandis que moi je m'enfonçais dans un horizon toujours plus sombre.

Cependant il vint un moment où la route tourna et où je cessai de vous voir.

En ce moment j'arrêtai mon cheval, je me demandai s'il ne valait pas mieux pour moi oublier toutes les promesses faites, tous les engagements pris, sacrifier l'honneur à l'amour et retourner près de vous.

Votre fenêtre se referma, votre lumière s'éteignit, je crus que c'était un avertissement de Dieu de continuer mon chemin; j'enfonçai les éperons dans le ventre de mon cheval, j'enveloppai ma tête dans mon manteau et je m'élançai dans les profondeurs toujours plus obscures de l'horizon, en me criant à moi-même pour m'étourdir: En avant! en avant!

Le surlendemain j'étais à Albi, près de mon frère, qui me laissa dans cette place avec cinq cents Polonais, et marcha sur Béziers.

Le 29 août, je reçus l'ordre du maréchal-duc de venir le joindre. Je partis avec mes cinq cents hommes, et le 30 août au soir, je fis ma jonction.

La journée du 31 se passa à s'éclairer mutuellement. Nous avions avis que M. de Schomberg marchait sur Castelnaudary. Nous y marchâmes de notre côté. Mais M. de Schomberg nous y devança, s'empara même d'une maison qui n'était qu'à dix minutes de chemin de nous et en fit un corps de garde.

Cela se passait le 1er septembre à huit heures du matin.

Le maréchal-duc apprit ce qui venait de s'accomplir; il prit cinq cents hommes, alla reconnaître l'armée du maréchal, et se trouvant à portée de cette maison, il chargea ceux qui étaient dedans, lesquels abandonnèrent aussitôt leur poste.

M. de Montmorency mit cent cinquante hommes dans cette maison, il revint vers nous fort gai de ce premier succès.

Il nous trouva réunis dans la première maison du village, mon frère Gaston, M. de Rieux, M. de Chaudebonne et moi.

Alors s'avançant vers mon frère :

— Monsieur, dit-il, voici le jour où vous serez victorieux de tous vos ennemis, le jour où vous réunirez le fils avec la mère. Mais, ajouta-t-il en montrant son épée nue et ensanglantée, il faut que ce soir votre épée soit comme est la mienne ce matin, c'est-à-dire rouge jusqu'à la garde.

Mon frère n'aime pas les épées nues, et surtout les épées sanglantes; il détourna les yeux.

— Eh! monsieur, dit-il, ne perdrez-vous donc jamais

l'habitude de vos rodomontades? Il y a longtemps que tout en me promettant de grandes victoires, vous ne m'avez encore donné que des espérances.

— En tout cas, dit le maréchal, et en supposant que je ne vous aie encore, comme vous le dites, donné que des espérances, je fais plus que ne fait pour vous le roi votre frère; car au lieu de vous donner des espérances, il vous les ôte, même celle de la vie.

— Eh! monsieur, reprit Gaston en haussant les épaules, croyez-vous que la vie de l'héritier présomptif soit jamais en jeu? Arrive qu'arrive, je suis toujours sûr de faire ma paix pour moi et trois personnes.

Le maréchal sourit amèrement, et sans plus répondre au prince, il vint à nous.

— Allons, dit-il, allons, voilà que cela commence, et notre homme saigne déjà du nez. Il parle de s'enfuir, lui troisième. Mais ce ne sera ni vous, monsieur de Moret, ni vous, monsieur de Rieux, ni moi qui, à ce compte-là, lui serviront d'escorte.

Nous répondîmes que non certainement.

— Eh bien! continua le maréchal-duc, joignez-vous donc à moi, car il faut que nous l'engagions si avant aujourd'hui, que nous le voyions enfin l'épée à la main.

En ce moment, on vint nous annoncer que l'on voyait l'armée du maréchal de Schomberg sortir d'un bois et s'avancer vers nous.

— Allons, messieurs, dit le maréchal-duc, le moment est venu, chacun à son poste.

Nous avions une rivière à traverser sur un petit pont; on pouvait nous disputer le passage, mais personne n'y songea. Le plan de M. de Schomberg était, au contraire, de nous laisser avancer jusqu'à une embuscade qu'il avait dressée dans ce chemin creux où vous retrouvâtes mon pauvre écuyer.

Le pont franchi, je pris mon poste à l'aile gauche, qui était placée sous mon commandement.

C'était, comme on vous l'a dit, ma première action. J'avais hâte de montrer que quoique du même sang que Monsieur, mon sang était plus ardent que le sien. Je vis un corps de carabins détaché en enfants perdus : je le chargeai.

J'avais particulièrement remarqué cet officier que vous rencontrâtes le soir du combat.

Il faisait un brave gentilhomme, calme au feu comme s'il eût été à la parade. Je piquai droit à lui et lui envoyai un coup de pistolet, qui, comme il vous l'a dit, coupa la plume de son chapeau. Il riposta. Je sentis comme un coup de poing au flanc gauche; j'y portai la main sans savoir ce que c'était, et je retirai ma main pleine de sang. Au même moment, sans douleur réelle, quelque chose comme un nuage rouge passa devant mes yeux; la terre tourna sur moi. Mon cheval fit un mouvement que je n'eus pas la force de réprimer ni de suivre. Je sentis que je glissais de ma selle. Je criai : A moi Bourbon! et je m'évanouis en pensant à vous.

En fermant les yeux, il me sembla que j'entendais comme une mousquetade des plus vives et que je voyais un rideau de flamme se dérouler devant moi.

Sans doute mes Polonais m'emportèrent, car à partir de ce moment et jusqu'à celui où je repris mes sens, à une demi-lieue de là à peu près, dans le carrosse de mon frère, je n'ai plus conscience de ce qui m'arriva.

D'épouvantables douleurs me rappelèrent à la vie. J'ouvris les yeux; je vis une grande foule se pressant avec curiosité et parlant vivement autour de mon carrosse. Je compris qu'il s'agissait de savoir où l'on me conduirait. Je me souvins que la sœur de M. de Ventadour, l'un de mes bons amis, devait être abbesse dans les environs. Je fis un effort, et, passant la tête par la portière, je donnai l'ordre de me conduire chez madame de Ventadour.

Vous le voyez, votre admirable dévouement vous avait parfaitement mise sur ma trace, et il n'a pas tenu à vous que vous me retrouvassiez.

La douleur m'avait tiré de mon évanouissement, la douleur m'y replongea. Je ne sais qui se chargea de mon introduction près de madame de Ventadour; mais je me retrouvai couché sur un excellent lit, seulement j'étais dans un caveau souterrain. J'avais près de moi le médecin du couvent, et dans la ruelle quelqu'un qui, me voyant rouvrir les yeux, me dit tout bas :

— Ne dites pas qui vous êtes.

De même que vous aviez été mon dernier souvenir, vous fûtes ma première pensée. Je regardai si vous n'étiez point là quelque part. Je ne vis que visages étrangers, au milieu desquels un homme aux manches retroussées et aux mains sanglantes. C'était le médecin qui venait de me panser.

Je refermai les yeux.

Ce fut pendant cette nuit que vous vous présentâtes à l'abbaye et que, dans la crainte qu'inspirait le cardinal, on vous répondit que l'on ne m'avait pas vu.

Ainsi, vous ignorâtes que j'existais; ainsi, j'ignorai que vous étiez venue. Nous nous étions presque touchés sans nous voir.

Je n'ai aucun sentiment de ce qui se passa pendant les quinze jours qui suivirent ma blessure. Ce n'était point une convalescence, c'était une halte à la porte du tombeau.

Enfin, la jeunesse et la force de mon tempérament l'emportèrent; je sentis une certaine fraîcheur se répandre dans mes membres alanguis et fiévreux, et à partir de ce moment, le médecin déclara que j'étais sauvé.

Mais à quelle condition! que je ne parlerais pas, que je ne quitterais pas mon lit, que je ne prendrais aucune part de la vie extérieure; je ne vivrais qu'à la condition d'être un mois ou six semaines sans vivre.

C'est pendant cette période de temps que fut jugé et exécuté le maréchal-duc. Cette exécution redoubla la terreur des pauvres filles qui m'avaient donné l'hospitalité. Il n'y avait, au reste, aucun doute, si l'on apprenait mon existence, que je ne fusse traité, tout prince du sang que j'étais, comme M. de Montmorency. M. de Montmorency n'était-il pas allié à Marie de Médicis!

Il fut donc décidé que j'étais mort, et par toutes les voix intéressées à ce que l'on y crût, le bruit de ma mort se répandit.

Au bout de deux mois, je pus me lever. Jusque-là j'étais resté caché dans les souterrains du couvent; l'air devenait nécessaire à ma convalescence; nous étions en novembre; mais le doux hiver du Languedoc autorisait cependant quelques sorties nocturnes. On me permit d'aller respirer la nuit dans le jardin du couvent.

Avec la pensée, avec le sentiment, je ne dirai pas avec la force, car j'étais encore d'une telle faiblesse que je ne pouvais ni descendre ni monter les escaliers, tout mon amour pour vous, engourdi par la mort, était revenu. Je ne parlais que de vous, je n'aspirais qu'à vous. Dès que je pus tenir une plume, je demandai à vous écrire; on me donna ce que je demandais, on fit partir un messager devant moi, mais comme le message devait révéler mon existence, et que mon existence, dans la terreur de madame de Ventadour, c'était la persécution, l'emprisonnement, la mort peut-être, le messager resta dans les environs et rentra au bout de douze ou quinze jours, disant que votre père vous avait emmenée à Paris, et qu'il avait remis ma lettre à celle de vos femmes qui lui avait paru la plus dévouée.

Dès lors, je fus plus tranquille, je m'en rapportais à votre amour de me faire passer une réponse prompte.

Un mois se passa dans cette attente ; chaque jour qui passait portait une nouvelle atteinte à ma confiance en vous et emportait un lambeau de mon espoir.

Trois mois s'étaient déjà écoulés. Je voulais savoir les nouvelles qui pouvaient m'intéresser. Blessé au commencement du combat que j'avais engagé, j'en ignorais l'issue. On hésitait à me donner ces nouvelles. Je menaçai de les aller chercher moi-même ; alors on me dit tout ; alors je sus la perte de la bataille ; la fuite et la réconciliation de Gaston, lui troisième, comme il l'avait dit ; le procès et la mort de M. de Montmorency ; la confiscation de mes biens, la reprise de mon rang et de mes dignités.

Je reçus toutes ces nouvelles avec plus de force qu'on ne s'y attendait. Certes, la mort du pauvre maréchal fut un rude coup. Mais après la mort de M. de Marillac, ce coup nous l'avions plus d'une fois prévu avec M. de Montmorency et pour lui et pour moi. Quant à la ruine de mon rang, de mes dignités et de ma fortune, je les accueillis avec un sourire de mépris. Les hommes m'avaient ôté tout ce que pouvaient me donner les hommes ; mais ils avaient été forcés de me laisser ce qui me venait de Dieu, votre amour.

Aussi, votre amour fut-il, à partir de ce moment, la seule espérance de ma vie. C'était l'étoile qui brillait seule au ciel de l'avenir, devenu aussi sombre que celui du passé avait été brillant.

Un messager ne vous avait pas trouvée ; je résolus d'être mon propre messager. Votre réponse ne m'était point parvenue ; je résolus d'aller chercher moi-même votre réponse.

Au reste, ce n'était pas chose facile de sortir du couvent. J'étais surveillé, on craignait que je ne fusse vu ou reconnu. Je ne parlai donc pas de sortir du couvent, mais de quitter la France.

Cette proposition était la plus agréable que je pusse faire à la bonne abbesse. Il fut convenu que l'on s'entendrait avec des pêcheurs, que je gagnerais Narbonne, et que là, je m'embarquerais. De l'abbaye à Narbonne, je ferais la route avec le costume ecclésiastique et dans le carrosse et avec les chevaux de l'abbesse.

D'ailleurs, tout le monde me croyait si bien mort, qu'il n'y avait pas probabilité que dans ce pays, où je venais pour la première fois, je fusse reconnu.

La bonne abbesse mit ses coffres à ma disposition, mais je la remerciai; j'avais sur moi, au moment où j'avais été blessé, deux cents louis à peu près que l'on retrouva dans ma bourse; plus, en bagues et en agrafes, pour une dizaine de mille livres de diamants.

Vous étiez riche, qu'avais-je besoin d'être riche!

Vers le commencement de janvier, je quittai l'abbaye, plein de reconnaissance pour l'hospitalité qu'on m'y avait donnée; hélas! j'ignorais que cette hospitalité allait me coûter si cher.

J'étais à vingt-huit lieues de Narbonne, je me sentais encore si faible que nous ne pouvions marcher qu'à petites journées. D'ailleurs, peut-être exagérais-je encore un peu ma faiblesse, pour que l'on se défiât moins de moi.

Le premier jour, nous allâmes coucher à Villepinte; le second, à Barbeira; le troisième, à Narben.

Dès le lendemain, marché était fait pour me conduire à Marseille. J'étais un prélat malade de la poitrine et à qui l'on avait ordonné l'air de Hyères ou de Nice.

Je me reposai un jour à Narbonne, et m'embarquai le

lendemain. Quarante-huit heures après, grâce à un bon vent, j'étais à Marseille.

Là, je payai mes bateliers, je renvoyai les deux serviteurs de l'abbesse qui m'avaient accompagné et je redevins parfaitement libre.

Je fis aussitôt marché pour me faire conduire en carrosse jusqu'à Avignon, et pour remonter le Rhône d'Avignon à Valence.

Comme mon air cavalier pouvait me trahir, je me fis faire un uniforme d'officier aux gardes de M. le cardinal. Sous cet uniforme, j'étais sûr de ne pas être inquiété.

Je partis de Marseille et gagnai Avignon en trois jours. A Avignon, les vents venant de la mer, et par conséquent la navigation étant bonne, je me confiai au Rhône; d'ailleurs, quand le vent nous manquait, nous attelions des chevaux à notre barque, et nous remontions à l'aide d'un câble tiré par eux.

De loin et dès le point du jour, je voyais votre château. C'était là que vous étiez, là que vous m'attendiez, ou du moins, si ce que l'on m'avait dit était vrai, si votre père vous avait emmenée à Paris, c'était là que j'aurais de vos nouvelles.

Je voulais me faire mettre à terre, cette barque allait si lentement! malheureusement j'étais trop faible encore.

Oh! si j'eusse gagné une heure! si je vous eusse revue! Mais cela ne devait pas être ainsi, nous étions condamnés...

Je n'y pus tenir cependant; une demi-lieue avant Valence, je débarquai. Je ne pouvais marcher vite encore; cependant ma vitesse dépassait de beaucoup celle de la barque.

D'ailleurs, l'espérance de vous revoir m'avait rendu presque toutes mes forces. Depuis longtemps je voyais

votre balcon, celui d'où vous m'aviez dit adieu, car j'avais
tourné l'angle du chemin; seulement, votre balcon était
vide, les jalousies en étaient fermées. Il y avait dans tout
l'aspect de ce château, que j'avais tant désiré revoir, quelque chose de morne et de vide qui me glaçait.

Tout à coup, je vis s'ouvrir la porte principale et sortir un cortége qui tourna du côté de la ville et disparut.

J'étais encore à un demi-quart de lieue environ; je sentis, sans que je pusse deviner pourquoi, mon cœur se
serrer et mes forces défaillir.

Je m'appuyai contre un arbre du chemin; j'essuyai
mon front couvert de sueur et je repris ma course.

Je rencontrai un domestique.

— Mon ami, lui demandai-je d'une voix à moitié
éteinte, n'est-ce donc plus mademoiselle Isabelle de Lautrec qui habite ce château?

— Si fait, mon officier, répondit-il : c'est toujours
mademoiselle Isabelle de Lautrec. Seulement, dans une
demi-heure, il faudra l'appeler autrement.

— Il faudra l'appeler autrement! Et comment faudra-
t-il l'appeler?

— Madame la vicomtesse de Pontis.

— Pourquoi madame la vicomtesse de Pontis?

— Parce que, dans une demi-heure, elle sera la femme
de mon maître, M. le vicomte de Pontis.

Je sentis que je devenais livide; je cachai mon front
sur mon mouchoir.

— Ainsi, demandai-je, ce cortége que j'ai vu sortir du
château...

— C'était celui des fiancés.

— Et dans ce moment?...

— Dans ce moment ils sont à l'église.

— Oh! c'est impossible!

— Impossible! dit le serviteur. Ma foi, si vous voulez vous assurer de la chose par vos yeux, mon officier, il en est temps encore. Prenez le plus court, et vous serez à l'église en même temps qu'eux.

Je ne me le fis pas redire, car j'avais hâte de m'assurer par mes yeux de la terrible réalité; je ne pouvais croire au récit de cet homme. Il avait un motif quelconque pour me faire ce hardi mensonge, mais à coup sûr il mentait.

Je connaissais Valence pour l'avoir habitée trois mois; je traversai rapidement le pont, j'entrai dans la ville, je pris les ruelles qui devaient plus directement me conduire à l'église. D'ailleurs, j'étais guidé par le son des cloches qui sonnaient à pleine volée.

La place de la cathédrale était encombrée de monde. Eh bien! malgré ces cloches sonnantes, malgré cette foule encombrant la place, je ne pouvais croire; je me disais que c'était une autre que vous qui marchait à l'autel; je me répétais que cet homme s'était trompé ou m'avait trompé.

Et cependant, en me mêlant à la foule, je n'osais interroger personne.

Si je n'eusse été vêtu de l'uniforme des gardes du cardinal, certes, je n'eusse jamais pu, tant la foule était grande, arriver au premier rang. Mais devant mon uniforme, tout s'écarta.

Alors, oh! il me faut encore aujourd'hui toute ma force pour vous donner ces terribles détails; hier, quand j'ignorais que ce fût vous qui m'écriviez, je n'eusse point renouvelé cette douleur sans rouvrir une plaie mortelle... oh! vous n'avez souffert que de ma mort; moi, j'ai souffert de votre trahison.

Pardon, pardon, Isabelle, votre trahison, je le sais maintenant, c'était de l'apparence, mais pour moi, oh! pour moi, malheureux, c'était de la réalité!

Je vous vis apparaître à travers un nuage pareil à celui qui passa sur mes yeux lorsque, frappé par cet officier, je tombai de mon cheval à terre. Ce fut la même sensation, plus douloureuse encore, car ce que la première fois j'avais senti au flanc, cette fois je le sentais au cœur.

Je vous vis apparaître; vous étiez pâle, mais presque souriante; vous marchiez d'un pas ferme en traversant la place, vous sembliez avoir hâte d'arriver à l'église.

Je passai ma main sur mes yeux... Courbé, haletant, murmurant à demi-voix au milieu de mes voisins étonnés : Mon Dieu, mon Dieu, ce n'est pas vrai... mon Dieu, ce n'est pas elle... Mon Dieu, mes yeux, mes oreilles, tous mes sens me trompent... Elle seule, elle seule ne me trompe pas; elle seule ne peut me tromper.

Puis, comme vous passiez à dix pas de moi, je restai sans voix, espérant toujours que vous n'iriez pas jusqu'à l'église, que vous vous arrêteriez en route, et que vous crieriez qu'on vous faisait violence, que vous appelleriez à toutes les femmes de la sincérité de votre amour; et alors moi, moi je m'élançais, moi je risquais ma vie pour dire : Oui, je l'aime; oui, elle m'aime; oui, je suis le comte de Morel, mort pour tout le monde, excepté pour Isabelle de Lautrec, ma fiancée dans ce monde et dans l'autre... Laissez-moi passer avec ma fiancée.

Et je vous eusse enlevée en face de tous et malgré tous, car je me sentais la force d'un géant.

Oh! Isabelle! Isabelle! vous restâtes muette, vous ne vous arrêtâtes point, vous entrâtes à l'église. Un long cri, commencé dès longtemps au fond de ma poitrine, sortit en la déchirant au moment où vous disparûtes sous le porche, et avant qu'on m'eût demandé pourquoi ce cri, j'avais écarté tout le monde, j'étais sorti de la foule, j'avais disparu.

Je regagnai les bords du fleuve, je retrouvai ma barque, je me rejetai au milieu de mes mariniers, enfonçant mes mains dans mes cheveux et criant : Isabelle! Isabelle!

Ils me laissèrent un instant à mon désespoir. Puis ils me demandèrent où il fallait aller.

Je leur montrai le cours du fleuve. Ils détachèrent la barque, et le Rhône nous emporta.

Que vous dirai-je de plus? j'ai vécu sans doute depuis quatre ans, puisque aujourd'hui vous me retrouvez vivant et vous aimant. Mais je n'ai pas existé. J'attendais que le terme que je me suis imposé arrivât pour prononcer mes vœux. Ce terme, vous le rapprochez, merci. Depuis que je sais que vous ne m'avez pas trahi, depuis que je sais que vous m'aimez toujours, la vocation m'est plus facile et je vais plus calme à Dieu.

Priez pour votre frère... votre frère priera pour vous.

Trois heures de l'après-midi.

VINGTIÈME LETTRE.

Cinq heures et demie, même jour.

Que me dites-vous là! je ne comprends pas bien. Vous m'avez retrouvée, vous êtes sûr que je ne vous ai pas trahi, vous êtes sûr que je vous aime, et cela, dites-vous, rapproche le terme de vos vœux, et cela vous rend la vocation plus facile, et cela vous fait plus calme pour vous consacrer à Dieu!

O mon Dieu! auriez-vous toujours cet étrange projet de renoncer au monde?

Mais écoutez-moi bien : Dieu n'est pas injuste. Quand je me suis consacrée à lui, c'était dans la croyance de votre mort; vous viviez : Dieu n'a pu recevoir des vœux arrachés au désespoir, puisque la cause du désespoir n'existait pas; je suis donc libre, libre malgré mes vœux.

Oh! oui, oui, vous le dites : nous nous sommes presque touchés un instant dans cette abbaye, et rien ne nous a dit que nous étions si près l'un de l'autre. Oh! je me trompe, je suis ingrate envers mon propre cœur. Une voix me criait : Insiste, reste, demeure, il est ici.

Oui, je comprends, elle a tremblé pour elle, pauvre femme, elle a tremblé que l'hospitalité qu'elle vous donnait ne fût sa perte. Oh! pourquoi ne vous ai-je pas retrouvé, moi; j'eusse été fière de la mission que Dieu m'avait donnée de sauver le fils de Henri IV. J'eusse tout affronté, pour le seul orgueil, pour la seule gloire de dire : Quand le monde entier l'abandonnait, moi seule l'ai reçu, moi seule l'ai protégé.

Folle que je suis en disant cela, je vous eusse trahi, et vous étiez perdu comme l'a été le maréchal-duc.

Mieux vaut donc qu'elle ait caché votre existence même à moi et que vous viviez; mieux vaut donc que je souffre, que je sois malheureuse, que je meure.

Mais pourquoi serais-je malheureuse? pourquoi mourrais-je? vous n'avez pas fait de vœux, je regarde les miens comme rompus. Partons, allons en Italie, en Espagne, au bout du monde. Je suis riche encore; d'ailleurs, qu'avons-nous besoin de richesse? vous m'aimez, je vous aime! partons, partons!

Oh! répondez-moi. Oui, dites-moi où vous êtes, dites-moi où je puis aller vous chercher.

Songez que vous m'avez soupçonnée, moi, votre Isabelle, soupçonnée d'une infamie, et que vous me devez une expiation.

J'attends, j'attends!

Cinq heures du matin.

Votre lettre a fait tressaillir jusqu'aux fibres les plus secrètes de mon cœur.

Ah! quelle destinée est la nôtre! Vous m'offrez le bonheur cherché, attendu, désiré pendant toute ma vie, et je ne puis accepter ce bonheur.

Isabelle! Isabelle! vous êtes gentifemme comme je suis gentilhomme. Une promesse, une simple promesse faite aux hommes nous engagerait, à plus forte raison un serment fait à Dieu.

N'essayez pas de vous faire illusion. Vos vœux sont bien réels et Dieu n'admet pas de pareilles subtilités.

Il n'y a donc plus pour nous qu'un seul avenir, celui dans lequel le malheur nous a poussés. Vous m'avez montré la route sainte en y entrant la première. Je vous suis; nous arriverons ensemble, puisque nous poursuivons le même but. Je prierai pour vous, vous prierez pour moi. Chacun mettra dans sa prière une ardeur qu'il ne mettait pas pour lui-même, et la vie éternelle avec l'éternel amour nous sera donnée par le Seigneur, au lieu de l'amour périssable, au lieu de la vie mortelle.

Et ne croyez point, parce que je vous dis cela, que je vous aime moins que vous ne m'aimez. Non, je ne vous aime pas davantage, je le sais; mais je vous aime avec la force d'un homme d'autant plus fort qu'il est tombé de plus haut et que la chute a été plus profonde, et qui, s'étant relevé après avoir touché la mort de la main, a rapporté du tombeau ce visage pâle que donnent à ceux qui les ont eues les révélations d'une autre vie.

Croyez-moi donc, Isabelle, plus je vous aime et plus j'insisterai sur ce point. Ne risquez pas votre salut éternel sur un sophisme. La vie de ce monde est à l'éternité ce que la seconde est à un siècle. Nous vivons une seconde sur la terre, nous vivons une éternité près de Dieu.

Puis, d'ailleurs, écoutez bien ceci, ma fiancée dans ce monde et dans l'autre : le pouvoir qui lie a le droit de délier, et c'est Dieu qui a voulu cela pour que le désespoir ne pût pas entrer dans un cœur trompé comme l'a été le vôtre. Urbain VIII est pape, votre famille a de puissantes alliances en Italie. Obtenez la rupture de vos vœux. Ce jour-là, Isabelle, dites-moi : Je suis libre... et alors, alors... oh! je n'ose pas penser à ce bonheur des anges, à cette félicité sans remords qui nous est réservée!

VINGT-DEUXIÈME LETTRE.

Deux heures de l'après-midi.

Eh bien! oui, vous avez raison, rien ne doit troubler notre bonheur. Il ne faut dans notre cœur ni crainte ni remords, il faut qu'à notre ciel orageux et sombre succède un ciel pur tout constellé d'étoiles. Oui, celui auquel je m'adresserai m'écoutera; oui, tout inflexible qu'il est, il aura pitié de moi; oui, je vous demande trois mois pour me faire libre, et si dans trois mois notre colombe ne vous a point porté la bulle qui me délie, alors c'est que tout notre espoir est au ciel.

Alors vouez-vous à Dieu comme moi, vouez-vous par des nœuds indissolubles. Oh! je serais trop jalouse de vous savoir libre encore étant enchaînée comme je le suis.

Demain je serai partie.

VINGT—TROISIÈME LETTRE.

4 heures et 1/2 de l'après-midi.

Allez, et que Dieu soit avec vous.

VINGT—QUATRIÈME LETTRE.

1er juin, 1638.

Il y a juste aujourd'hui un mois que j'ai reçu votre dernière lettre; un mois que je n'ai vu venir notre colombe; un mois que rien ne m'a parlé de vous, excepté mon cœur.

Mais il n'y a pas de temps à perdre. Seulement les minutes sont devenues des heures, les heures des jours, les jours des années. Pourrais-je attendre ainsi deux mois encore?

Oui, car je ne perdrai l'espoir qu'au dernier jour.

J'écris cette lettre sans savoir si vous la recevrez jamais; mais je l'écris pour qu'au jour qui doit nous séparer ou nous réunir, vous sachiez, Isabelle, que j'ai pensé à vous à chaque battement de mon cœur.

VINGT—CINQUIÈME LETTRE.

22 juin 1638.

Vole, colombe bien-aimée, vole vers mon cher ressuscité, dis-lui que ce sont ses prières qui m'ont protégée, dis-lui que je suis libre, dis-lui que nous sommes heureux.

Libre! libre! libre! Laisse-moi te raconter cela, mon bien-aimé.

Je ne sais par où commencer, je suis folle de bonheur!

Tu sais que le jour même où je t'ai écrit ma dernière lettre, cette heureuse nouvelle s'est répandue officiellement que la reine était enceinte. A cette occasion, il devait y avoir de grandes fêtes dans toute la France, et des grâces accordées par le roi et par le cardinal.

Je résolus d'aller me jeter aux pieds du cardinal, qui a sur toutes nos questions ecclésiastiques les pleins pouvoirs de Rome.

Voilà pourquoi je te demandais trois mois seulement.

Le jour même où je t'ai écrit, je suis partie avec un congé de notre supérieure. Ma voisine de cellule se chargea de veiller sur notre colombe. J'étais sûre d'elle comme de moi, je la laissais donc sans crainte.

Je partis. Mais quelque diligence que je fisse, je ne pus arriver à Paris qu'en dix-sept jours. Le cardinal était à sa campagne de Rueil. Je partis aussitôt pour Rueil.

Il était souffrant et ne recevait pas. Je me logeai dans le village et j'attendis. J'avais laissé mon nom au père Joseph.

Le troisième jour, le père Joseph lui-même vint m'annoncer que Son Eminence était prête à me recevoir.

Je me levai à cette nouvelle; mais je retombai sur ma chaise, j'avais pâli comme pour mourir; mon cœur semblait prêt à se briser, mes jambes pliaient sous moi.

Le père Joseph n'a pas le cœur tendre, dit-on, et cependant, quand il me vit presque expirante à cette seule idée de me trouver en face du cardinal, il m'encouragea de son mieux, m'annonçant que si j'avais quelque chose à demander à Son Eminence, le moment était bon, le cardinal se trouvant mieux qu'il n'avait été depuis bien longtemps.

Oh! c'est que toute ma vie, toute la vôtre dépendait de ce qui allait se passer entre cet homme et moi.

Je suivis le père Joseph sans rien voir; mes yeux étaient fixés sur lui, son pas réglait mon pas, comme si ses mouvements eussent réglé les miens. Nous traversâmes une partie du village, nous entrâmes dans le parc. Nous suivîmes une allée de grands arbres; chacun de ces changements me frappait par l'ensemble, mais les détails m'échappaient.

Enfin, j'aperçus de loin, sous une tonnelle de chèvrefeuilles et de clématites, un homme à moitié couché sur une chaise longue. Il était vêtu d'une simarre blanche et portait la calotte rouge, signe du cardinalat. J'étendis la main vers cet homme, le père Joseph comprit l'interrogation.

— Oui, dit-il, c'est lui.

Je passai en ce moment près d'un grand arbre; je m'y appuyai, car je sentais qu'un pas de plus sans soutien, je tombais.

Il vit mon hésitation, ce mouvement qui indiquait ma faiblesse; il se souleva.

— Venez sans crainte, dit-il.

Je ne sais quel sentiment lui fit adoucir pour moi sa voix ordinairement rude. Mais enfin cette voix m'arriva pleine d'espérance.

Je repris mes forces, et presque courant, j'allai me jeter à ses pieds.

Il fit signe de la main au père Joseph de s'éloigner. Celui-ci obéit, se retirant hors de la portée de la voix, mais non hors de la portée de la vue.

J'inclinai la tête, étendant les deux mains vers lui.

— Que voulez-vous de moi, ma fille? demanda le cardinal-duc.

— Monseigneur, monseigneur, une grâce de laquelle dépend non-seulement ma vie, mais mon salut.

— Votre nom?

— Isabelle de Lautrec.

— Ah! votre père était un fidèle serviteur du roi. C'est chose rare dans nos temps de rébellions. Nous avons eu le malheur de le perdre.

— Oui, monseigneur. M'est-il donc permis d'invoquer sa mémoire près de vous?

— Je lui eusse accordé vivant ce qu'il m'aurait demandé, excepté les choses qui relèvent du Seigneur seul, et pour lesquelles je ne suis que son simple vicaire. Parlez, que désirez-vous?

— Monseigneur, j'ai fait des vœux.

— Je me le rappelle, car, sur la demande de votre père, je me suis opposé à ces vœux de tout mon pouvoir, et j'ai, au lieu de les avancer, comme vous le demandiez vous-même, fixé un an d'épreuve. Donc, malgré cette année, vous avez prononcé des vœux?

— Hélas! hélas! monseigneur.

— Oui, vous vous repentez, maintenant?

J'aimais mieux mettre mon repentir sur le compte de mon inconstance que sur le compte de ma fidélité.

— Monseigneur, lui dis-je, je n'avais que dix-huit ans, et la mort d'un homme que j'aimais m'avait rendue folle.

Il sourit.

— Oui, et vous avez vingt-quatre ans maintenant et vous êtes devenue raisonnable.

J'admirai la mémoire prodigieuse de cet homme qui se souvenait de l'époque d'un événement si peu important que devait être pour lui la prise de voile d'une pauvre enfant qu'il n'avait jamais vue.

J'attendis, les mains jointes toujours.

— Et maintenant, dit-il, vous voudriez rompre ces vœux, car la femme a vaincu la religieuse, car les souvenirs du monde vous ont poursuivie dans votre retraite, car vous avez voué le corps à Dieu, mais l'âme, l'âme, n'est-ce pas, l'âme est restée sur la terre? O faiblesse humaine!

— Monseigneur! monseigneur! m'écriai-je, je suis perdue si vous n'avez pitié de moi!

— C'est cependant bien librement et bien volontairement que vous avez prononcé vos vœux.

— Oh! oui, librement et volontairement. Je vous le répète, monseigneur, j'étais folle.

— Et quelle excuse pouvez-vous donner à Dieu de ce peu de persistance dans votre volonté?

Mon excuse, cette excuse bien connue de Dieu, qui vous a conservé la vie, mon bien-aimé, je ne pouvais la lui donner, puisque c'était vous perdre. Je me tus, laissant échapper seulement un second gémissement.

— D'excuses, vous n'en avez pas, dit le duc.

Je me tordis les bras de douleur.

—Eh bien! il faut donc que j'en trouve une, moi, dit-il, un peu mondaine, peut-être.

— Oh! secondez-moi, aidez-moi, monseigneur, et vous serez béni par moi jusqu'au dernier soupir de ma vie.

— Soit! je ne veux pas, comme ministre du roi Louis XIII, qu'un si beau et si loyal nom que celui que vous portez périsse; votre nom est une des vraies gloires de la France, et les vraies gloires de la France me sont chères.

Puis, me regardant fixement :

— Vous aimez quelqu'un? me demanda-t-il.

J'inclinai mon front jusque dans la poussière.

— Oui, c'est cela, reprit le duc, j'ai bien deviné, vous aimez quelqu'un; celui que vous aimez est-il libre?

— Oui, monseigneur.

— Il sait la démarche que vous avez faite, et il attend?

— Il attend.

— C'est bien. Cet homme joindra à son nom, quel qu'il soit, le nom de Lautrec, afin que le nom du vainqueur de Ravennes et de Brescia soit impérissable comme sa mémoire, et vous serez libre.

— Oh! monseigneur! m'écriai-je en baisant ses pieds.

Il me releva haletante de joie.

Il fit un signe au père Joseph, qui se rapprocha.

— Reconduisez mademoiselle Isabelle de Lautrec où vous l'avez été prendre, dit le cardinal, et dans une heure vous lui porterez la bulle qui la délie de ses vœux.

— Monseigneur, monseigneur, comment faire pour vous remercier?

— C'est bien facile : quand on vous demandera votre opinion sur moi, dites que je sais punir et récompenser. Vivant, j'ai puni le traître Montmorency; mort, je récompense le loyal Lautrec. Allez, ma fille, allez.

Je baisai dix fois encore ses mains, et je suivis le père Joseph.

Une heure après, il m'apporta la bulle qui rompt mes vœux.

Je partis à l'instant même sans perdre une minute, la précieuse bulle sur mon cœur, et certes plus fervente à Dieu depuis que Dieu m'avait rendu ma parole que jamais je n'avais été auparavant.

— Je n'employai que treize journées à mon retour, et me voilà, et je vous écris, mon bien-aimé, non pas tout ce que j'ai à vous dire, car alors je vous écrirais un volume, et vous seriez huit jours sans savoir que je suis libre, que je vous aime, et que nous allons être heureux.

Je me hâte de terminer pour que vous appreniez cette riche nouvelle une minute plus tôt.

Les chevaux resteront attelés, et au retour de la colombe... je pars.

Dites-moi seulement où vous êtes, et attendez-moi.

Va, ma colombe : je n'ai jamais eu si grand besoin de tes ailes.

Va et reviens.

— Tu entends, mon bien-aimé : rien autre chose que l'endroit où je te trouverai. Je ne veux pas que tu retardes notre réunion d'une minute, fût-ce pour écrire ces deux bienheureux mots :

Je t'aime!...

VINGT-SIXIÈME LETTRE.

Dix minutes après.

Oh! malheur! malheur sur nous!... Cet homme nous est fatal, mon bien-aimé, peut-être plus encore la seconde fois que la première.

Oh! écoute, écoute, quoique tu ne m'entendes pas; écoute, quoique tu ne doives savoir peut-être jamais ce que je vais te dire. Ecoute! J'avais attaché comme d'habitude ma lettre à l'aile de notre colombe, cette lettre où je te racontais tout, cette lettre qui te portait tout un avenir de bonheur. J'avais lâché la pauvre Iris, je la suivais des yeux dans les profondeurs du ciel où elle commençait à s'élancer, quand tout à coup, de l'autre côté des murs du cloître, j'entends un coup de feu et je vois notre colombe, arrêtée dans son vol, qui tourbillonne et tombe.

Oh! je jetai un tel cri de douleur, que je crus mon âme élancée hors de mon corps avec ce cri.

Puis aussitôt je me précipitai hors du couvent tellement éperdue, que l'on comprit qu'il venait de m'arriver un grand malheur et que l'on ne chercha point à m'arrêter.

J'avais vu la direction dans laquelle était tombée la colombe; j'y courus.

A cinquante pas au delà des murs du cloître, je vis un capitaine qui chassait : c'était lui qui venait de tirer sur la colombe; il la tenait entre ses mains; il regardait avec étonnement, avec regret surtout, la lettre qu'elle portait attachée à son aile.

J'arrivai à lui les bras tendus. Je ne pouvais plus parler; je m'écriai seulement : Oh! malheur! oh! malheur! oh! malheur!

A quatre pas je m'arrêtai, blêmissante, frappée au cœur, foudroyée; cet homme, ce capitaine, celui qui venait de blesser notre colombe, c'était le même que j'avais vu la nuit sur le champ de bataille de Castelnaudary. C'était ce Bitévan qui avait tiré sur vous et qui vous avait jeté à bas de votre cheval.

Nous nous reconnûmes.

Oh! je vous le dis : alors sa pâleur fut presque égale à la mienne; il me vit habillée en religieuse, et comprit que c'était lui qui m'avait revêtue de cet habit.

— Oh! madame, murmura-t-il; en vérité, je suis bien malheureux.

Et il me tendit notre pauvre colombe, qui se débattait dans sa main et qui tomba à terre.

Je la ramassai; heureusement elle n'a que l'aile cassée.

Mais elle avait le secret de votre demeure, mon bien-aimé. Ce secret, elle l'emporte avec elle. Où vous trouverai-je, et comment vous trouverai-je maintenant si elle ne peut plus voler vers vous?

Voler pour vous dire où je suis moi-même; pour vous dire que je suis libre, pour vous dire que nous allions être heureux?

Oh! bien certainement, il y a une âme dans cette pauvre petite créature. Oh! si vous aviez vu, mon bien-aimé comte, comme elle me regardait, tandis que je la rapportais au couvent, tandis, qu'immobile et sans voix, son meurtrier me suivait m'éloignant comme il m'avait vue m'éloigner à travers l'herbe ensanglantée de cette prairie qui avait été un champ de bataille.

Oh! je ne sais si cet homme nous rendra jamais en bien le mal qu'il nous a fait; mais il faudra cela pour que je ne le maudisse pas à mon heure dernière!

J'ai couché la colombe dans un panier. Je la tiens dans ce panier sur mes genoux. Heureusement elle n'est point atteinte dans le corps : l'extrémité de l'aile est seule cassée.

Je viens de détacher de sa pauvre aile la lettre ensanglantée. Mon Dieu! mon Dieu! sans cet événement inattendu, vous seriez près maintenant de la recevoir.

Où êtes-vous? où êtes-vous? qui me dira où vous êtes?

Oh! voici venir le médecin du couvent que j'ai envoyé chercher.

VINGT-SEPTIÈME LETTRE.

Quatre heures.

Le médecin est un bon et excellent homme; il a compris que dans certaines situations mystérieuses de la vie, l'existence d'une colombe était aussi précieuse que l'existence d'un roi. Il a compris cela en voyant mon désespoir; il a compris cela en voyant la lettre ensanglantée.

La blessure n'est rien par elle-même; dans trois jours elle eût été guérie, s'il lui eût coupé l'aile.

Mais je m'y suis opposée; je suis tombée à genoux devant lui, et je lui ai dit :

— Cette aile que vous voulez abattre, ma vie y est attachée. Il faut qu'elle vole! il faut qu'elle vole!

— Ceci, m'a-t-il dit, c'est plus difficile, et je ne saurais en répondre; mais du moins je ferai tout pour cela. En tout cas, ce ne serait que dans quinze jours ou trois semaines qu'elle volerait.

— Soit, dans quinze jours ou trois semaines; mais qu'elle vole! qu'elle vole!

Vous comprenez bien, mon ami, tout mon espoir est là.

On a lui attaché l'aile contre le corps; il semble qu'elle comprenne cela, pauvre petite; elle ne fait aucun mouvement; seulement, elle me regarde.

J'ai mis à portée de son bec et l'eau et le grain. D'ailleurs, elle a ma main où prendre sa nourriture.

Que faire, en attendant, pour que vous sachiez ce qui est arrivé? Quel messager vous envoyer qui vous trouve? vers quel point du ciel me tourner, pour faire, comme le naufragé perdu au milieu de l'Océan, mon signal de détresse?

Pourquoi n'est-ce pas un de mes bras qui a été brisé, au lieu d'une de ses ailes?

VINGT-HUITIÈME LETTRE.

Juin.

Oui, tu avais raison, mon bien-aimé, je le sens, si je n'eusse obtenu la rupture de mes vœux, il y aurait toujours eu un remords au fond de notre bonheur, ou plutôt il n'y aurait pas eu de bonheur, puisque ce bonheur, Dieu ne l'eût pas sanctionné! Quand je te disais : « Je suis libre, nous fuirons ensemble, nous serons heureux, » je voulais oublier; mais, au fond de mon âme, une voix se lamentait, qui, si forte que fût celle de mon amour, la faisait taire parfois.

Aujourd'hui, je suis bien malheureuse, puisque je ne sais comment te retrouver, te revoir; mais ma conscience est tranquille; mais quand je dis, quand je répète : « Je t'aime, mon fiancé, » je ne sens plus au cœur cette douleur aiguë que j'y ressentais, même au moment où je te disais : « Sois tranquille, mon bien-aimé, nous serons heureux. »

J'ai veillé notre pauvre colombe comme j'aurais veillé une sœur malade. Elle souffre beaucoup, et de temps en temps, ferme les yeux de douleur. Je laisse tomber goutte à goutte de l'eau glacée sur son aile, et cela semble lui faire du bien. Elle me caresse avec son bec rose comme pour me remercier. Pauvre colombe! elle ne se doute pas de ce qu'il y a d'égoïsme dans les soins que je lui donne.

Mais toi, toi, que dois-tu penser, mon Dieu!

VINGT-NEUVIÈME LETTRE.

Premier juillet 1658.

Seize jours écoulés, et pas de nouvelles. Et mes yeux s'usent à percer l'horizon dans lequel je cherche vainement notre colombe bien-aimée. Chaque point noir qui tache l'espace, je me dis : C'est elle; puis, au bout d'un instant, je m'aperçois de mon erreur, et ma poitrine haletante d'espoir se dégonfle dans un soupir.

N'importe, j'attends toujours, j'espère toujours; puisque tu vis, puisque tu m'aimes, pourquoi donc désespérerais-je du bonheur?

Seulement, le temps se passe. Il y a deux mois que vous êtes partie. Oh! si je calcule bien, depuis huit ou dix jours vous devez être revenue.

O mon Dieu! mon Dieu! ce cœur de bronze aurait-il refusé?

On dit cependant qu'il a aimé, cet homme!

Mon Dieu, Seigneur, ne nous abandonnez pas!

TRENTIÈME LETTRE.

5 juillet.

Oh! si tu savais, pauvre bien-aimé de mon cœur, tout ce que je t'ai écrit depuis quinze jours! Il y a là, vois-tu, tout un monde de pensées, de désirs, d'espérances, de regrets et de souvenirs! Si jamais nous nous retrouvons, hélas! hélas! Dieu le veuille, comme je l'en prie ardem-

ment le jour, la nuit surtout; si jamais nous nous retrouvons, tu liras tout cela, et alors, seulement alors, je te le
jure, tu comprendras combien tu étais aimé!

Si nous ne nous revoyons pas... oh! toutes les tortu-
res de l'enfer sont dans cette crainte... eh bien! c'est moi
qui relirai ces lettres, c'est moi qui y ajouterai chaque
jour un feuillet plus désespéré que celui de la veille,
c'est moi qui mourrai sur le dernier en l'écrivant : Je
t'aime!

Oh! moi qui croyais avoir épuisé pour toi toutes les
angoisses et toutes les joies de mon cœur; oh! je sens
qu'il y a encore dans l'avenir des abimes de joies ou de
douleurs que je n'avais pas même entrevus!

Demain! Pourquoi ma main tremble-t-elle si fort en
écrivant ce mot? c'est que demain sera le jour qui va décider de ma vie; demain je verrai si la colombe peut
voler. Il y a trois jours déjà qu'elle est sortie de son panier, qu'elle étend ses ailes, qu'elle s'essaye dans ma
chambre, qu'elle vole de la porte à la fenêtre. On dirait
qu'elle comprend, la pauvre petite, de quelle importance
est, pour nous deux, qu'elle retrouve toute la puissance
de son aile.

Demain! demain! demain!

J'écrirai un billet bien court pour ne pas la charger
d'un poids inutile. Quatre mots seulement, mais qui te
diront tout.

A demain donc, mon bien-aimé! je vais passer la nuit
en prières. Je n'essayerai pas même de dormir, ce serait
chose parfaitement inutile. Que fais-tu, toi, mon Dieu!
te doutes-tu seulement combien je t'aime et combien je
souffre?

TRENTE ET UNIÈME LETTRE.

6 juillet.

Voici l'aube, mon bien-aimé, et comme je te l'ai dit, je n'ai point fermé l'œil un seul instant, et j'ai passé la nuit en prières. J'espère que Dieu m'aura exaucée, et qu'aujourd'hui tu sauras où je suis, que je suis libre et que je t'attends.

La colombe est aussi impatiente que moi; elle bat les carreaux de son bec et de ses ailes. On va t'ouvrir la fenêtre, pauvre petite. Dieu veuille que ton aile soit assez forte pour la course que tu vas entreprendre.

J'interromps cette lettre pour écrire le billet et qu'elle portera, ou peut-être, hélas! qu'elle va essayer de te porter.

Quatre heures sonnent.

TRENTE-DEUXIÈME LETTRE.

Quatre heures du matin, 6 juillet.

Si la colombe arrive jusqu'à toi, mon bien-aimé, lis ce billet et pars sans perdre une seconde, comme je partirais, moi, si je savais où te trouver.

Je suis libre, je t'aime et je t'attends au monastère de Montolicu, entre Foix et Tarascon, sur les bords de l'Ariége.

Tu sauras pourquoi je ne t'en dis pas davantage, pourquoi ce billet est si court, et pourquoi le papier est si fin.

Tu sauras tout cela et mille choses encore, tous nos malheurs, toutes nos angoisses, toutes nos espérances, si notre messagère chérie arrive jusqu'à toi; car, si elle arrive jusqu'à toi, tu partiras à l'instant même, n'est-ce pas?

Je t'attends, mon bien-aimé, comme l'aveugle attend la lumière, comme le mourant attend la vie, comme le mort attend la résurrection.

Va, colombe bien-aimée, va!

TRENTE-TROISIÈME LETTRE.

6 juillet, cinq heures du matin.

Nous sommes maudits! Oh! mon bien-aimé comte, qu'allons-nous devenir? Il ne me reste donc plus qu'à mourir dans le désespoir et dans les larmes. Elle ne peut plus voler; au bout de cent pas, son aile a faibli. Elle a rencontré les dernières branches d'un peuplier au-dessus desquelles elle a voulu passer; elle s'y est heurtée et de branche en branche elle est tombée jusqu'à terre.

J'ai couru à elle les bras étendus, le cœur brisé; toute ma course n'a été qu'un gémissement qui s'est terminé par un cri de douleur. Je l'ai ramassée, et d'elle-même, après un instant de repos, elle a essayé de s'envoler une seconde fois; mais une seconde fois elle est retombée, et moi je suis tombée près d'elle, me roulant désespérée sur la terre, arrachant l'herbe avec mes mains et avec mes dents.

Mon Dieu! mon Dieu! que vais-je devenir? J'étais trop
fière, trop heureuse, trop sûre de mon bonheur, je le tenais dans ma main, la fatalité me l'a ouverte, et mon
cher trésor est parti.

Oh! Seigneur! Seigneur, vous ne m'enverrez donc
pas une inspiration, une lumière, une flamme!

Seigneur, Seigneur, secourez-moi! Seigneur, regardez-
moi en pitié! Seigneur, Seigneur, je deviens folle!

Attends, attends.

Bonté divine, tu m'as entendue, tu m'as exaucée.

Ecoute, écoute, bien-aimé, il vient de me renaître un
espoir dans le cœur, ou plutôt cet espoir c'est une illumi-
nation d'en haut.

Ecoute! de ma fenêtre, j'ai si souvent suivi des yeux le
vol de notre colombe, au moment de son départ, que, sans
me tromper, je puis faire au moins deux ou trois lieues
dans la même direction qu'elle. Elle passait au-dessus des
sources de la large petite rivière qui vient se jeter dans
l'Ariége à Foix. Elle devait passer au-dessus du petit
bois d'Amourtier, au-dessus de la Salat entre Saint-Girons
et Oust.

Eh bien! voici ce que je vais faire : je vais revêtir un
habit de pèlerine; je vais me mettre à ta recherche, j'irai
jusqu'au petit village de Rieupregan; je la perdais toujours
de vue dans la direction de ce village, et quand je l'aurai
dépassé, eh bien! je m'en rapporterai à elle. Elle peut en
volant franchir à chaque vol, une distance de cent pas à
peu près. Soit! elle volera cent pas, puis se reposera et
volera cent pas encore, me servant de guide; je la suivrai,
je la suivrai comme les Hébreux suivaient la colonne de
flamme la nuit et la colonne de fumée le jour, car moi
aussi, je serai à la recherche de la terre promise, et je la
trouverai ou je mourrai de fatigue et de douleur sur le
chemin.

Hélas! je le sais, la route sera longue, la pauvre colombe, pardonne-moi ce que je te ferai souffrir, douce martyre de notre amour! la pauvre colombe ne pourra faire plus d'une ou deux lieues par jour; n'importe, mon bien-aimé, dussé-je user le reste de ma vie à te chercher... oh! oui, je te chercherai jusqu'à la fin de ma vie!

Ainsi je pars. Je pars sans tarder, aujourd'hui même. J'ai tout dit à notre supérieure, tout, excepté ton nom. C'est une sainte et digne femme, qui a souffert de mes douleurs et pleuré de mes larmes. Elle m'a offert quelqu'un pour m'accompagner, j'ai refusé. Je ne veux personne; ce que je veux faire est une chose d'instinct, un mystère entre le ciel et nous; seulement je lui ai promis de lui écrire si je te retrouvais. Si je ne lui écris pas, elle saura que je suis morte, morte folle, désespérée, au coin de quelque bois, au revers de quelque route, au bord de quelque rivière.

Je pars, j'emporte avec moi toutes ces lettres que je t'ai écrites, que tu n'as pas reçues, que tu ne recevras peut-être jamais. Oh! si je puis les jeter toutes un jour à tes pieds en te disant : Lis! lis! mon bien-aimé! Et tu verras combien j'ai souffert ce jour-là, ce jour-là je serai bien heureuse!

Je pars, il est trois heures de l'après-midi, j'irai, je l'espère, jusqu'à Rieupregan aujourd'hui.

TRENTE-QUATRIÈME LETTRE.

7 juillet, pendant la nuit.

Je suis passée par l'église, avant de me mettre en route,

afin d'emporter Dieu pour ainsi dire avec moi. Je me suis prosternée devant l'autel, j'ai appuyé mon front sur une pierre sculptée à l'endroit même où la sculpture figurait une croix sur cette pierre, et j'ai prié.

Oh! c'est bien vrai, il y a un baume dans la prière. La prière, c'est le tertre vert où l'on s'assied, après une route fatigante, et où l'on se repose. La prière, c'est le ruisseau que l'on trouve au milieu des sables du désert et où l'on se rafraîchit.

Je suis sortie de l'église pleine de force et d'espérance; il me semblait que Dieu venait d'attacher à mes épaules les ailes de quelqu'un de ses anges : c'était la prière toujours qui m'enlevait de la terre et m'emportait vers le Seigneur.

N'est-ce pas, Seigneur, que c'est une épreuve seulement? n'est-ce pas, Seigneur, que vous ne m'avez pas condamnée? n'est-ce pas, Seigneur, qu'il est à l'extrémité de la route dont je viens de franchir les premières distances?

Attends-moi, bien-aimé, attends-moi, car, je te le jure, un jour ou l'autre, j'arriverai.

. . . .

Je t'ai quitté un instant pour m'appuyer à la barre d'une fenêtre qui donne sur le village de Boussenac. Ce village est situé sur ma route et j'y passerai demain, à moins que notre colombe ne m'en écarte. Un chien hurlant tristement, perdu sans doute dans un petit bois que j'aperçois à ma droite, faisait une tache sombre à la terre. Je me suis dit : Si le chien cesse de hurler, ce sera bon signe, et je le retrouverai.

Le chien s'est tu.

Comme on est superstitieux quand on souffre, pauvre bien-aimé de mon cœur! Sais-tu cela? souffres-tu, toi?

Quelle belle nuit, mon Dieu! Je me dis que peut-être

tu es à une fenêtre comme je suis à la mienne, que tu regardes de mon côté comme je regarde du tien, que tu penses à Dieu et à moi comme je pense à toi et à Dieu.

As-tu vu cette belle étoile qui a rayé le ciel d'un sillon de feu? combien de lieues a-t-elle fait ainsi en une seconde?

Oh! si je pouvais en une seconde aller comme elle d'ici à toi, dussé-je, arrivée à toi, m'éteindre comme elle!

J'accepterais cette lumineuse seconde de bonheur, dût-elle être suivie de l'éternelle nuit.

A demain, mon bien-aimé; demain, je l'espère, va encore me rapprocher de toi.

TRENTE-CINQUIÈME LETTRE.

9 juillet.

Me voilà arrêtée à un petit village nommé Saulan. Quel orage, bon Dieu! Et qu'avait donc fait la terre, pour que le Seigneur la menaçât ainsi de sa voix terrible! L'eau qui a tombé par torrents a grossi la Salat, il n'y a plus de gué possible, et pour trouver un pont, il me faudrait remonter jusqu'à Saint-Girons, c'est-à-dire perdre deux jours.

Demain on m'assure que je pourrai me remettre en route, et que la rivière aura repris son niveau.

Oh! un jour perdu! un jour pendant lequel tu m'attends, à coup sûr! un jour pendant lequel tu m'accuses peut-être!

TRENTE-SIXIÈME LETTRE.

12 juillet au soir, au village d'Alos.

Un paysan a consenti à me servir de guide : j'ai traversé la rivière sur sa mule. La rivière un instant a failli nous entraîner tous; pendant un tiers du courant l'animal a perdu pied. J'ai levé les yeux au ciel, j'ai croisé mes mains sur ma poitrine, et j'ai dit :

— Si je meurs, mon Dieu, vous savez que c'est pour lui.

Tu vois bien que nous devons nous retrouver puisque je ne suis pas morte.

TRENTE-SEPTIÈME LETTRE.

15 juillet.

J'ai repris mes courses à pied, toujours guidée par notre colombe. Le 13, j'ai été d'Alos à Castillon; c'était une forte journée pour la pauvre petite. Je devrais avoir plus de pitié d'elle; j'ai fait au moins trois lieues.

Le lendemain 14, j'ai payé ma cruauté de la veille en faisant une lieue à peine, et aujourd'hui 15 me voici arrivée à Saint-Lary, de l'autre côté d'un petit ruisseau sans nom qui va se jeter dans la Salat.

Au reste, je suis sur la route, j'en suis certaine. La colombe n'hésite pas un instant, ne dévie pas une seconde. Elle va droit devant elle sans hésitation aucune. Seulement le temps se passe et tu attends; le temps se passe et tu as fait un vœu.

Oh! ce vœu, ne te hâte pas de l'accomplir, bien-aimé!
Crois en moi, crois dans ton Isabelle.

Tu as douté d'elle un instant, et cela nous a coûté cher
à tous deux.

TRENTE-HUITIÈME LETTRE.

18 juillet.

Voilà trois jours que j'erre presque au hasard, contournant des bois, longeant des ruisseaux. Hélas! l'air n'a
pas tous les obstacles que m'oppose la terre. La colombe
passait là où je suis forcée de m'arrêter parfois. Je te l'avoue, ô mon bien-aimé! le courage et les forces me manquent à la fois, et je me couche au pied de quelque arbre,
mourante, désespérée.

Il y a déjà onze jours que je suis partie, et j'ai fait à
peine quinze ou dix-huit lieues, ce qu'elle faisait en une
heure elle, quand elle était notre messagère d'amour, et
qu'elle passait rapide comme la flèche au-dessus de ces
misérables reptiles qui s'intitulent les rois de la création,
qui n'ont pas l'instinct d'un oiseau, et qui mettent onze
jours à faire le chemin qu'une colombe fait dans une
heure.

Dis-moi, comment se fait-il qu'une misérable aiguille
aimantée sache où est le nord, et que moi, moi, une créature vivante, pensante, agissante, faite à l'image du Créateur, je ne sache pas où tu es?

Comment se fait-il qu'un vaisseau qui part d'un point
du monde, aille à l'autre bout de ce monde retrouver une
île au milieu de l'Océan et que moi, moi, je ne puisse te

retrouver, toi vers lequel je n'ai pour ainsi dire qu'à étendre les bras?

Oh! je le sens bien, mon Dieu, si je veux le retrouver, ce n'est pas vers lui qu'il faut que j'étende les bras, c'est vers vous!

Mon Dieu, soutenez-moi! mon Dieu, conduisez-moi! mon Dieu, guidez-moi!

TRENTE NEUVIÈME LETTRE.

29 juillet.

Je reviens à moi, au jour, à la vie.

J'ai cru mourir, mon bien-aimé comte, et peu s'en est fallu que je ne sache enfin où tu étais, car les morts savent tout; peu s'en est fallu que ce ne soit le fantôme de ton Isabelle qui soit entré dans ta cellule, la nuit, à l'heure où entrent les fantômes.

C'est pour cela que je regrette de vivre. En voyant mon ombre, tu aurais compris que j'étais morte, tandis qu'en ne revoyant ni ombre ni corps, tu peux croire que je t'ai oublié ou trahi. Ne dis pas non, hélas! tu l'as bien cru une fois.

Oh! je ne t'ai ni oublié ni trahi, je t'aime! je t'aime! mais j'ai failli mourir, voilà tout.

Tu te rappelles ce blessé qui avait en soif, qui s'était traîné près du ruisseau, en perdant les dernières gouttes de son sang, les dernières haleines de son souffle, tout cela pour atteindre l'eau, et qui était mort en buvant la première gorgée? Eh bien, il en a été presque ainsi de moi. Après une longue course dans des bois qu'on m'a dit être ceux de Mauléon, je suis arrivée haletante à une source. Cette source sortait de terre et était glacée. J'ai

bu, croyant reprendre des forces et pouvoir continuer ma route. Je suis repartie, en effet; mais j'avais marché cent pas à peine, que je me suis arrêtée grelottante, un frisson a envahi tout mon corps, et je suis tombée évanouie sur le bord du petit sentier que je suivais.

Ce qui s'est passé à la suite de cet évanouissement, je n'en sais rien. Ce que je sais, c'est qu'hier je me suis éveillée très-faible, qu'en regardant autour de moi, je me suis trouvée dans une chambre assez propre; au pied de mon lit veillait une femme inconnue; à mon chevet se tenait notre colombe caressant ma joue de sa pauvre aile brisée.

Cette femme revenait du marché de Mauléon avec deux hommes qui, voyant que je respirais encore, ont eu pitié de moi et m'ont conduite où je suis.

Où je suis, c'est à un petit village près de Nertier, à ce que l'on m'a dit; la chambre que j'habite domine les environs, à ce qu'il paraît, car de mon lit je ne vois que le ciel.

Oh! le ciel, le ciel! c'est de lui seul que j'attends secours.

Hier, j'ai demandé la date du mois, on m'a dit que nous étions au 28 juillet. Hélas! voilà plus de vingt jours que je suis partie et que j'erre à l'aventure. Où suis-je? loin ou près de toi?

J'ai demandé du papier, de l'encre et une plume; mais aux premières lettres que j'ai tracées, la tête m'a tourné et il m'a été impossible de continuer.

Ce soir je vais mieux; j'écris presque sans fatigue et ne me suis reposée que trois fois pour écrire les trente ou quarante lignes qui composent déjà cette lettre.

J'ai remercié la bonne femme qui me garde. Je n'ai plus besoin d'être veillée, je suis mieux, je me sens forte. Cette nuit j'essayerai de me lever, et demain de me mettre en route.

Je mourrais à rester ainsi inactive, tandis que tu m'attends; car tu m'attends? n'est-ce pas, bien-aimé de mon cœur, tu m'attends?

La colombe aussi est bien reposée; j'espère qu'elle pourra fournir de plus longs vols et par conséquent me rapprocher plus rapidement de toi.

J'espérais passer la nuit entière à t'écrire, mais j'avais trop présumé de mes forces; il faut que je m'arrête, il faut que je te dise adieu; mes oreilles tintent, tout vacille autour de moi, et les lettres que trace ma plume me semblent de feu.

Ah !...

QUARANTIÈME LETTRE.

9 heures du matin.

J'ai dormi deux heures à peu près d'un sommeil horriblement agité et qui ressemblait fort à du délire. Heureusement en rouvrant les yeux je vois le jour près de naître.

Oh! mon bien-aimé, la belle chose que la naissance du jour, si nous étions l'un près de l'autre, si nous comptions ensemble et au fur et à mesure qu'elles disparaissent, toutes les étoiles dont tu sais les noms, et qui se fondent et s'évanouissent dans l'éther quelques instants avant que le soleil, qui les chasse, n'apparaisse à son tour!

Je viens d'ouvrir ma fenêtre, il me semble qu'elle doit

donner sur une étendue immense. Hélas! plus l'étendue est grande et plus je suis perdue.

Mon Dieu! cette belle fable amoureuse de Thésée et d'Ariane n'est-elle véritablement qu'une fable, et ma prière, ma prière profonde, ardente, éternelle, ne me détachera-t-elle pas de votre droite bénie quelque ange qui m'apporte le fil conducteur qui doit me conduire à lui?

Oh! j'écoute, je regarde, j'attends.

Rien, rien, mon Dieu! rien que le soleil, c'est-à-dire votre image, qui, sans paraître encore, colore d'une teinte rose toute l'atmosphère qui baigne la chaîne de montagnes derrière laquelle il se lève, en ce moment. Oh! pour un cœur calme que ce spectacle serait beau! Comme ces collines, dont le contour bleuâtre se découpe sur ses rayons dorés, sont d'une belle et gracieuse forme! Comme cette autre chaîne de montagnes qui forme l'horizon est gigantesque et belle avec ses pics neigeux qui s'argentent et qui s'étincellent aux premières flammes de l'astre divin! Comme cette grande rivière qui sillonne la plaine et dont le cours vient à moi, est unie, majestueuse et profonde! Comme... oh! mon Dieu!

Mon Dieu! je ne me trompe pas; mon Dieu! cet ange que j'implorais, que j'attends, il est donc venu, invisible, mais réel. Mon Dieu! ces collines derrière lesquelles le soleil se lève, cette double arête au centre de laquelle il se balance en ce moment, ces montagnes de neige, qui semblent des piliers d'argent soutenant la voûte du ciel, cette grande rivière qui coule du sud au nord et qui reçoit les ruisseaux voisins comme une souveraine reçoit le tribut de ses sujets... ce sont les collines, ce sont les montagnes, c'est la rivière qu'il m'a décrits et qu'il voit de ses fenêtres. Mon horizon, c'est le sien, mon Dieu! ne m'avez-vous égarée que pour mieux me conduire près de lui! Ne m'avez-vous fermé les yeux que pour me montrer la lumière lorsque je les ouvrirais?

Mon Dieu! mon Dieu! votre miséricorde est infinie!

Vous êtes grand, vous êtes saint, vous êtes bon, et ce n'est qu'à genoux qu'on doit vous parler.

A genoux donc, cœur sans foi qui a douté de la bonté du Seigneur; à genoux! à genoux! à genoux!

QUARANTE ET UNIÈME LETTRE.

Quatre heures du matin.

J'ai remercié Dieu et je pars. Oh! la force m'est revenue avec la foi. Je n'étais faible que parce que j'étais désespérée.

Un dernier coup d'œil, un dernier regard.

Oh! comme le tableau était fidèle, mon bien-aimé! Peintre, comme tu as bien vu! poète, comme tu as bien décrit! Voilà les cimes des Pyrénées qui passent du blanc mat au reflet de l'argent le plus vif. Voici leurs flancs noirs qui s'éclairent peu à peu, glissant du noir au violet, du violet au bleu clair, comme une inondation de lumière qui descendrait des hauts sommets. Voilà le jour qui se répand dans la plaine; voilà les ruisseaux qui luisent comme des fils d'argent; voilà la rivière qui se tord et ondoie comme un ruban de moire; voilà les petits oiseaux qui chantent dans les buissons de lauriers-roses, dans les haies de grenadiers, dans les touffes de myrtes; voilà, voilà l'aigle, roi du firmament, qui tourne dans l'éther.

Oh! mon bien-aimé, nous sommes donc déjà réunis par le regard, et je vois ce que tu vois.

Seulement, d'où le vois-tu?

Attends, attends, la lettre est là. Oh! tes lettres, elles ne me quittent pas un instant; quand je mourrai, elles seront sur mon cœur, et ceux qui me déposeront dans la tombe auront mission, sous peine de sacrilége, de les y enfermer avec moi.

D'où le vois-tu?

Mon Dieu! c'est à peine si je puis lire; heureusement je les sais par cœur; si je les perdais, je pourrais les ré-crire de la première à la dernière ligne.

Je les ai tant lues!

« Ma fenêtre, toute garnie d'un immense jasmin dont les branches chargées de fleurs entrent dans ma chambre qu'elles parfument, s'ouvre au soleil levant. »

C'est cela, c'est cela!

Le soleil vient de se lever à ma gauche, toi tu es à ma droite.

« Le plateau que je domine est incliné du midi au nord, des montagnes à la plaine. »

C'est cela, toujours.

Oui, voici là-bas, là-bas, à l'horizon, merci, Seigneur, de ce que le jour que tu viens de faire est si pur, voici là-bas le plateau où est situé ton ermitage. Oh! pourquoi est-il si loin encore, ou pourquoi le regard humain est-il si faible! Je vois des centaines de points blancs semés au milieu des arbres verts; lequel de tous ces points blancs est ton er-mitage? Oh! colombe chérie, colombe bien aimée, colombe fille du ciel, c'est à toi de me dire cela.

Je pars, mon bien-aimé, je pars; chaque minute per-due est un vol fait à ton bonheur et au mien; perdre une minute, ce serait tenter Dieu.

N'est-ce pas pour être arrivé trop tard d'une minute que tu m'as perdue, moi?

Viens, colombe. Oui, oui, n'est-ce pas, demain, ce soir peut-être nous allons le revoir?

QUARANTE-DEUXIÈME LETTRE.

51 juillet.

La nuit a interrompu notre recherche, mon bien-aimé, mais j'espère, j'espère!

J'ai interrogé tout le monde, et de loin on m'a montré s'élevant sur la côte un couvent de camaldules, et près de ce couvent une petite maison qui ressemble bien à celle que tu m'as décrite. Oh! je la voyais blanchissante dans la vapeur azurée du soir, peut-être était-ce la tienne, peut-être de ton côté embrassais-tu des yeux ton horizon, sans savoir que dans cet horizon, invisible pour toi, s'agitait cette pauvre créature qui ne vit plus que par toi, qui va mourir sans toi.

Je me suis informée, t'ai-je dit, et l'on m'a répondu que cette maison était habitée par un solitaire, par un sage, par un homme de Dieu, jeune encore, beau toujours. Cet homme visite la maison du pauvre et le lit du mourant : il a les paroles consolantes pour la souffrance et même pour la mort. Cet homme, c'est toi, mon bien-aimé; n'est-ce pas, n'est-ce pas que c'est toi?

Si c'est toi, tu as passé dans la journée au village de Camons, où je suis.

Tu as visité un pauvre ouvrier charpentier qui s'est cassé la cuisse en tombant d'un toit. Tu l'as pansé, tu l'as soigné. Puis à toute la famille, à genoux sur ton passage, tu as dit en sortant :

— Vous voilà consolés, priez pour le consolateur.

Oh! c'est bien toi, et je t'ai reconnu à cette parole douloureuse. Tu m'attends; tu ne sais pas ce que je suis devenue, et tu souffres.

Tu souffres, car tu doutes. Oh! l'homme doute toujours ; moi je n'ai pas douté, je t'ai cru mort.

Quand je pense que si j'étais arrivée deux heures plus tôt, je te rencontrais peut-être!

Je dis *peut-être*, car si j'étais sûre que ce fût toi, toute brisée que je suis, je partirais à l'instant même; je prendrais un guide; je me ferais porter. Mais si je me trompais, si ce n'était pas toi? Oh! l'instinct de la colombe vaut mieux que tout; il n'a pas erré un instant. Ce sont les forces qui m'ont manqué et non pas elle qui a failli.

Que fais-tu en ce moment, quelque part que tu sois, mon bien-aimé? A moins que tu ne penses à Dieu, tu penses à moi, je l'espère.

Oh! moi, quand je pense à toi, je pense à Dieu. Quand je pense à Dieu, je pense à toi.

Il est onze heures du soir; à demain! à demain! Un immense espoir, qui est trop puissant pour ne pas venir du ciel, me dit que je te reverrai demain.

QUARANTE-TROISIÈME LETTRE.

31 juillet, onze heures du soir

Je ne sais si je te reverrai jamais, bien-aimée de mon cœur, mais hâte-toi, hâte-toi, minuit sonne, et minuit en sonnant va finir le dernier jour de ma vie qui sonnera sur le monde.

C'est demain le jour indiqué pour mes vœux, j'ai attendu religieusement l'accomplissement entier des trois mois, mais je ne puis manquer ainsi éternellement de parole à Dieu. Dieu me parle, puisque tu te tais; Dieu me réclame, puisque tu m'abandonnes.

Oh! ce n'est pas sans une douleur profonde que je renonce à cet espoir que pendant un instant tu m'avais rendu.

J'étais rentré corps et âme dans le passé, c'est-à-dire dans le bonheur; il m'en coûtera plus pour sortir de ce bonheur qu'il ne m'en coûterait pour sortir de la vie.

C'est que la vie du cloître n'est, quoi qu'on dise, ni la mort du corps ni la mort de l'âme. J'ai souvent examiné des cadavres, j'ai abaissé mes yeux sur leurs fronts pâles et livides, c'était la matière qui se décomposait, voilà tout. Aucun rêve ne s'agitait dans ce cerveau endormi pour toujours, aucune douleur matérielle ni morale ne faisait tressaillir ces fibres détendues à jamais.

J'ai souvent examiné au contraire ces cadavres vivants qu'on appelle des moines; pour être plus pâle et plus livide que le front d'un mort, leur front cependant n'était pas celui d'un trépassé, les larmes qui coulaient incessamment de leur cœur comme d'une source profonde et intarissable avaient tiré leurs yeux au fond de leur orbite et avaient creusé le long de leurs joues ce sillon d'amertume auquel Dieu reconnaîtra les élus de la souffrance, dont il fera, je l'espère du moins, les élus de son amour.

Ce frémissement nerveux qui atteste la vie et qui constate la douleur, agitait incessamment leurs membres crispés. Ce n'était ni la quiétude de la vie ni le calme du sépulcre. C'était l'agonie lente, fiévreuse, dévorante, qui mène de ce monde à l'autre, de la vie à la mort, du lit au tombeau.

Eh bien, Isabelle, je ne me le dissimule pas, et je descends dans l'abîme après en avoir mesuré toute la profondeur, moi aussi, je vais entrer dans cette agonie; puisse-t-elle promptement me conduire à la mort!

Adieu, je vais passer la nuit en prière. Les cloches du

couvent tinteront à partir de deux heures du matin pour
annoncer qu'une âme, et non un corps, va quitter la terre
pour le ciel.

C'est à neuf heures que ceux qui vont être des frères en
Dieu doivent venir me chercher.

QUARANTE-QUATRIÈME LETTRE.

1er août, cinq heures du matin.

Je viens de voir se lever une dernière fois le soleil. Jamais il n'avait été plus brillant, plus magnifique, plus
splendide. Que lui importent, à lui, les douleurs de ce
pauvre petit monde qu'il éclaire! que lui importent les
larmes que je répands et qui trempent le papier! Je n'ai qu'à
les exposer dix minutes à ses rayons, et il les aura bues
comme il boit la goutte de rosée qui tremble à l'extrémité
du brin d'herbe ou qui roule comme un diamant au fond
du calice d'une fleur.

Je ne le verrai plus. La cellule qui m'est destinée donne
sur une cour fermée de hautes murailles; par l'échancrure
d'une arcade j'apercevrai seulement un coin du cimetière;
je tâcherai que ce coin me soit accordé pour ma tombe.

Il faut avoir le plus près possible de soi ce que l'on désire
atteindre promptement.

Prions!

QUARANTE-CINQUIÈME LETTRE.

Neuf heures du matin.

Les chants s'approchent; ils viennent me chercher. Je

ne veux pas que ces hommes montent ici. Je ne veux pas qu'ils voient vos lettres, qu'ils voient ce papier. Je ne veux pas qu'ils voient mes larmes.

Je vais les attendre sur le seuil; l'âme reste avec vous, ils n'emporteront que le cadavre.

Adieu.

Le cri qu'a poussé la création tout entière à la mort de son Dieu n'est pas plus profond, plus déchirant, plus lamentable que celui que je jette sur la mort de notre amour.

Adieu! adieu! adieu!

QUARANTE-SIXIÈME LETTRE.

Dix heures.

Votre cellule vide! votre lettre toute trempée de larmes! votre suprême adieu!

J'arrive une demi-heure trop tard.

Si cependant les vœux n'étaient pas encore prononcés!

Mon Dieu! mon Dieu! donnez-moi la force.

Oh! colombe, colombe, si j'avais ton aile, toute brisée qu'elle est!

QUARANTE-SEPTIÈME LETTRE.

(Fragment d'une lettre retrouvée dans les archives du couvent des Ursulines de Montalieu, mais dont la première partie manque).

. . . . Au point du jour, je suis partie du village de Camons, où, comme je vous l'ai dit, très-chère mère en Dieu, tout me faisait croire qu'il était venu dans la journée.

J'avais interrogé toute la famille du pauvre charpentier blessé, et à son signalement je l'eusse reconnu si déjà mon cœur ne m'eût dit que c'était lui.

D'ailleurs, ces paroles qu'il avait prononcées en les quittant :

« Vous voilà consolés, priez pour le consolateur! »

Ne pouvaient venir que de cette âme souffrante et prête à se vouer à Dieu.

Je repris donc des forces dans l'espérance de le revoir; il fallait, si je prenais un cheval ou une voiture, faire un immense détour pour atteindre cette petite maison qui m'apparaissait comme un point blanc, près de ce sombre et massif couvent des Calmadules, qui, quoique distant de près de trois lieues à vol d'oiseau, m'envoyait le bruit de ses cloches sur l'aile du vent.

En sortant du village, je lâchai la colombe; la pauvre petite fit un de ses plus longs vols, près de deux cents pas, dans la direction de la maison que mon regard dévorait. Je n'eus plus de doutes; l'approche du but lui avait donné, comme à moi, des forces.

Par malheur, il n'y avait aucun chemin tracé; il me fallait suivre le penchant de la montagne, tantôt coupée par des ravins, tantôt sillonnée par des ruisseaux, tantôt chargée de petits bois dans lesquels je n'osais m'engager de peur de me perdre.

Je marchai trois heures sans m'arrêter; mais à peine, à cause des détours, avais-je fait deux lieues.

Souvent la maison disparaissait, et, sans ma colombe chérie, je me serais égarée. Je la jetais en l'air et suivais la direction que son vol m'avait tracée.

Enfin, il me sembla qu'en m'approchant la route devenait moins hérissée de difficultés. J'entendis sonner hu i heures à un petit village; je ne sais pourquoi il me sembla que le timbre de cette horloge avait quelque chose de triste qui me serra le cœur. On eût dit que chaque heure, en passant près de moi sur ses ailes de bronze, me disait :

Hâte-toi! hâte-toi!

Je me hâtai, et bientôt je commençai à distinguer la petite maison dans ses détails. A mesure que j'en approchais, je reconnaissais la description qu'il m'en avait faite, la fenêtre par laquelle il regardait se lever le soleil, le jasmin qui ombrageait cette fenêtre et qui n'était de loin, pour moi, qu'une palissade verte.

Un instant je crus l'apercevoir à cette fenêtre, et, soit vision, soit réalité, j'étendis les bras, je poussai un cri.

Hélas! j'étais à plus d'un quart de lieue encore! il ne me vit ni ne m'entendit..

Les cloches du couvent tintaient toujours; je me rappelai malgré moi ce tintement nocturne et incessant qui avait précédé pour moi la prise de voile, et parfois, comme un terrible soupçon, il me passait par l'esprit et par le cœur que c'était pour lui que les cloches tintaient ainsi.

Mais je me disais à moi-même en secouant la tête : Non, non, non!

J'approchais toujours; alors je vis une longue procession composée de moines qui se rendaient à la petite maison blanche et qui, un instant après, reprirent le chemin du couvent.

Qu'allaient-ils chercher à cette maison?

Etait-ce un vivant ou un mort?

J'allais le savoir, car je n'étais plus qu'à quelques centaines de pas de la maison, lorsqu'un torrent me barra le passage.

Il descendait si rapide, si chargé de pierres, si fangeux; il paraissait si profond, que je ne tentai pas même de le traverser.

Je remontai vers sa source en courant, malgré ma fatigue; mais je sentais que j'arriverais jusqu'à cette maison. Il est vrai que là, selon toute probabilité, toute cette force factice m'abandonnerait.

Au bout d'un quart d'heure de marche, j'arrivai à un arbre jeté d'un bord à l'autre. Dans tout autre temps, je n'aurais jamais osé me hasarder sur ce pont mouvant, je m'y élançai et le traversai d'un pied sûr comme je l'avais mesuré d'un œil ferme.

Arrivée là, plus d'obstacle, une espèce de chemin frayé; je continuai ma course; seulement ma course devenait plus rapide au fur et à mesure que j'approchais.

Je l'atteignis, ce but si désiré; la porte était ouverte : je franchis le seuil; un escalier s'offrait à ma droite, je m'y élançai; mais silencieuse, sans appeler personne. Je n'osais pas depuis que j'avais touché la porte; j'avais la conviction que je trouverais la chambre vide.

La chambre était vide, la fenêtre ouverte, et sur une table une lettre toute trempée encore de larmes.

Cette lettre, ô ma mère! cette lettre, dont les dernières lignes étaient tracées depuis une demi-heure à peine, cette lettre, c'était son suprême adieu.

J'arrivais une demi-heure trop tard : il était à l'église, il prononçait ses vœux.

Je sentis la maison trembler sous mes pieds; il me sembla que tout tournait autour de moi. Je commençai un cri qui devait se terminer par mon dernier soupir, quand tout à coup cette idée me vint que le sacrifice n'était peut-être point accompli, que les vœux n'étaient pas encore prononcés.

Je m'élançai hors de la maison, reprenant instinctivement ma colombe, qui s'était posée sur une branche de buis bénit.

Le couvent était à cent pas à peu près; mais cette fois je sentais bien qu'il ne me resterait pas assez de forces pour atteindre l'église. Je n'avais plus qu'un reste de raison dans le cerveau, qu'un reste de souffle dans la poitrine.

J'entendais les prêtres qui chantaient le *Magnificat;*

J'entendais l'orgue qui jouait le *Veni Creator.*

Mon Dieu! mon Dieu! il me restait quelques secondes, et voilà tout.

Malheur! trois fois malheur! l'église se présentait à moi du côté de l'abside; il fallait en faire le tour pour trouver la porte.

La fenêtre du milieu était ouverte; mais comment espérer que ma voix dominerait le bruit de l'orgue et le chant des prêtres?

J'essayai de crier cependant; un râlement sourd sortit de ma poitrine, et voilà tout.

Il y a des instants où l'on comprend que tout nous abandonne et que tout est perdu.

Je sentis mes idées se confondre; tout se brisa en moi; puis, au milieu de ce chaos, un éclair, une flamme, une lueur traversa mon cœur.

Je lançai la colombe vers la fenêtre ouverte, et je tombai évanouie.

Bonté du ciel! quand je revins à moi, j'étais dans ses bras.

Il avait déjà la robe du moine, il avait déjà la tonsure du prêtre, et cependant il était à moi, à moi, à moi!

A moi, pour toujours!

Le serment déjà commencé sur les lèvres, la colombe,

descendant comme l'Esprit-Saint sur un rayon de soleil, l'avait interrompu.

Colombe bien-aimée, tu seras sculptée sur notre tombeau, endormie dans nos mains entrelacées.

Je vous ai promis de vous écrire si je le retrouvais, sainte mère. Dieu, dans sa miséricorde infinie, a permis que je le retrouve, et je vous écris.

Votre fille bien respectueuse et bien reconnaissante.

ISABELLE DE LAUTREC, C^me DE MORET.

Palerme l'heureuse, 10 septembre 1638.

FIN.

OUVRAGES SOUS PRESSE :

LA COLOMBE

1 volume,

Par Alexandre Dumas.

MÉMOIRES DE TALM

PAR

ALEXANDRE DUMAS.

BRIN-D'AMOUR

PAR

Henry de Kock.

CERISETTE

PAR

Paul de Kock.

PARIS ET LA PROVINCE

2 volumes.

PAR AN.....L ET J. LEDÉGLE.

www.ingramcontent.com/pod-product-compliance
Lightning Source LLC
Chambersburg PA
CBHW060620100426
42744CB00008B/1440